시 쓰는 검찰총장이 될래요

시 쓰는 검찰총장이 될래요

펴낸날 2007년 2월 7일 초판 1쇄

지은이 전대원

펴낸이 김진수
펴낸곳 도서출판 **잉걸**
등록 : 2001년 3월 29일 제15-511호
주소 : 서울시 관악구 봉천본동 949-5 201호 (우 151-827)
전화 : 02) 884-3701
전자우편 : ingle21@naver.com

ISBN 978-89-89757-13-9
값 10,000원

■ 잘못된 책은 바꿔 드립니다.

■ 이 도서의 국립중앙도서관 출판시도서목록(CIP)은
e-CIP 홈페이지(http://www.nl.go.kr/cip.php)에서 이용하실 수 있습니다.
(CIP제어번호 : CIP2007000267)

시 쓰는 검찰총장이 될래요

글짓기 왕 대원이의 꿈

전대원 지음

도서출판
잉걸
2007

문학영재의 찬란한 미래

고정욱
작가

내가 전대원 군을 알게 된 건 《소년조선일보》에 독서논술 코너를 연재하면서부터입니다. 목포에서 가끔 보내 온 글들이 아주 뛰어나서 처음엔 의심을 했습니다. 부모님이 써준 것이 아닐까 하고요.

하지만 나중에 그 글을 정말 어린이가 썼다는 사실을 알고는 놀라지 않을 수 없었습니다. 보기 드문 재능이었기 때문입니다.

전대원 군의 글은 웬만한 중・고생의 수준을 뛰어넘는 것입니다. 한 마디로 문학영재라 하지 않을 수 없습니다. 더욱 놀라운 건 전대원 군이 독서와 글짓기를 생활화한 어린이라는 사실입니다. 천재는 1%의 영감과 99%의 노력으로 이루어진다는 격언이 바로 전대원 군을 두고 하는 말입니다. 1500권이 넘는 책을 읽고 수백 개의 글짓기상을 받은 결과가 이를 증명합니다.

책 속에 길이 있다는 말이 있습니다. 우리 선인들의 지혜와 삶의 깨달음이 들어 있는 책들을 부지런히 읽고 새겨 진실되게 글로 쓰면 어떤 결과가 나오는지를 이 책의 글들을 읽으면 알 수 있을 것입니다.

많은 독자들이 전대원 군의 글들을 통해서 독서의 즐거움, 글짓기의 효용을 깨닫기 바랍니다. 아울러 전대원 군도 열심히 노력해 먼 훗날 자신의 재능으로 주위에 희망을 주는 사람이 되길 기원합니다.

2007년 1월

대원이의 당부

이제 드디어 꿈과도 같았던 내 책이 나온다니 기분이 좋다.

내가 그동안 써 온 글들은 1000여 편 정도가 된다. 아무리 글이 좋아도 시간이 지나면 잊힐 수 있지만 이렇게 그동안 내가 써 온 글 중에서도 좋은 작품들만 골라 책이 나오면 오래도록 남을 것 같다.

나는 그동안 전국 각종 글짓기 대회에서 2006년 12월 말까지 406회의 수상을 하면서 힘들 때도 많았다. 하지만 지금에 와서 가슴에 손을 얹고 생각해 보면 그것은 나에게 거름과도 같았다. 나는 이제 글짓기를 시작하는 친구들에게 백일장이나 글짓기 대회에 나갔다가 떨어지더라도 실망하지 말고 다시 도전하는 용기를 가지라는 말을 해 주고 싶다.

쑥스럽긴 하지만 내가 글짓기 왕이라는 별명을 얻을 수 있던 것은 에디슨의 말처럼 시간을 아껴 쓰고 다른 친구들보다 두 배로 열심히 살려고 노력한 결과이지 저절로 이루어진 게 아니기 때문이다.

그런 점에서 내가 그 동안 틈틈이 읽은 1500여 권의 책들은 오늘의 나를 이끌어 준 선생님이나 다름없다. 책 속에는 정말 많은 선생님이 숨어 있다. 현실에서는 도저히 만날 수 없는 선생님도 책 속의 길로 들어서면 언제든지 내가 원하는 시간에 만날 수 있어 나는 책읽기를 좋아한다.

내가 생각해 볼 때 좋은 글을 쓰려면 우선 많이 써 보아야 한다. 그리고 다른 사람의 생각에 기분 나빠 하거나 겁먹지 말아야 한다. 사람은 얼굴이 서로 다른 것처럼 생각도 똑같지 않다. 그래서 글을 쓸 때는 자기의 생각과 목소리로 글을 쓰는 것이 무척 중요하다.

다른 사람도 겪어 본 주제의 글은 비슷하게 얼마든지 쓸 수 있다. 하지만 다른 사람이 가질 수 없는 독창적인 생각으로 글을 쓴다는 것은 마치 아무도 가지 않은 신대륙을 발견한 것처럼 가슴이 두근거리는 일이다.

이제 황금돼지해라는 올해에도 모든 일이 잘 되었으면 좋겠다. 나는 올해에도 여러 가지 일을 많이 해 보고 싶다. 무엇이든 열심히 노력한다는 것은 나에게 있어 내가 이루어야 할 목표처럼 무척 소중한 일이 아닐 수 없다. 앞으로도 나는 나에게 주어진 하루하루를 열심히 살면서 보다 좋은 글을 많이 쓰는 사람이 되고 싶다.

이렇게 내 글들이 하나로 모인 작품집이 세상에 나올 수 있게 힘써 주신 도서출판 잉걸과 부모님, 4학년이 될 때까지 나를 가르쳐 주신 여러 선생님께 감사드린다. 그리고 전국에서 내 소식을 신문이나 텔레비전을 통해 읽거나 보고 그동안 수많은 격려의 편지를 보내 준 전국의 여러 친구들과 책이 나오는 기쁨을 같이 나누고 싶다.

나를 응원해 준 친구들이 내가 쓴 이 책을 읽고, 글짓기는 특별한 사람이 하거나 저절로 타고 나는 것이 아니라 많은 책을 읽고 꾸준히 노력해 나가면 나처럼 글을 잘 쓸 수 있다는 것을 알게 되면 좋겠다.

내 아이의 독서와 글쓰기, 어떻게 지도할까?

한 어린이가 있습니다. 그에겐 문학영재, 문학신동, 글짓기 왕, 이런 수식어가 따라 다닙니다. 뛰어난 재능, 잠재력, 창의성, 흥미, 몰두, 일반적으로 얘기하는 영재의 조건을 두루 갖추고, 결과가 그러하니까요.

하지만 그가 그렇게 화려한 조명을 받기까지에는 남모르는 얘기가 깃들어 있습니다. 글짓기 왕 이전에 독서광이라는 사실이죠.

물론 처음엔 부모님의 영향을 많이 받았다고 합니다. 아빠가 늘 책을 가까이 하셨다니까요. 곁에서 그걸 보고 따라하더랍니다. 책을 보면서 연필을 쥐곤 아무 종이에나 글을 썼다고 합니다. 그림도 그리고요. 글을 깨우치면 그렇게 스스로 책을 찾고 글을 써 보고 싶어 하기 마련인가 봅니다.

부모님은 아이가 책에 흥미를 느끼고 직접 글을 쓰기 시작하니까 노트를 주고 원하는 책들을 사 주셨겠죠. 아이는 노트를 맘껏 활용합니다. 책을 읽으면서 재미든 흥미든 마음에 닿는 구절을 그대로 옮겨 적습니다. 낙서를 하거나 슬픔과 기쁨, 동화된 감정을 글로 표현도

합니다. 그러다 주인공과 대화를 시도합니다. 주인공에게, 책의 지은 이에게 편지도 써 봅니다. 이는 곧 책의 내용을 정리하게 된다는 걸 뜻하겠지요. 주인공이 너무 불쌍해 줄거리를 바꿔보기도 합니다. 악당을 혼내주기도 합니다. 달리 말할 것 없이 그게 바로 창작입니다. 자기만의 노트가 됩니다. 애착을 갖게 될 겁니다.

현실과 관련된 내용은 확인도 해 봅니다. 이를 테면 북두칠성이 정말 국자 모양으로 생겼는지, 큰곰자리에선 국자 손잡이 부분을 곰 꼬리로 본다는데 그게 맞는지, 그렇게 기다란 곰 꼬리가 있는지, 흥미가 배가됩니다. 실제와 결합된 지식은 말 그대로 산지식이 됩니다. 꼬리를 물고 확산됩니다. 관찰의 폭과 깊이가 확대 심화되지요. 아마 그러면서 잠재력이 발현되고 더욱 커갔을 겁니다.

그 다음엔 성취감을 맛보게 하는 과정이 필요합니다. 초등학교에 입학하면서 각종 글짓기 대회와 백일장에 문을 두드렸던 거죠. 상을 탑니다. 어린 나이에 자신의 글이 전문가들로부터 인정받았다는 기쁨은 아이에게 자신감을 듬뿍 실어주게 됩니다. 아이에겐 그 희열감이 두고두고 가슴에 남아 더욱 몰두하는 계기로 작용합니다. 물론 '낙방'의 쓴 맛도 보게 될 겁니다. 하지만 그것이 더욱 강하고 단단해 지는 담금질이 될 수 있습니다.

많은 책을 읽으며 시나브로 아이는 세상 보는 눈이 달라지고 역량이 자랍니다. 놀라운 연상력, 아기자기하고 독창적인 표현, 상황이나 사물의 상태를 압축 · 응결시키는 능력이 생기고, 더욱 집중을 하고 확인과 비교를 해 보면서 사고력이 부쩍 향상됩니다.

인간이 타고나는 잠재력은 무한하다고 했던가요. 소질과 적성을 발견하지 못하고, 발견했다 해도 제대로 발현시키지 못해서 그렇지, 누구나 영재성을 갖고 있다고 했던가요.

여기 한 어린이가 있습니다. 지독한 독서광인 영재가 있습니다. 독서의 힘을 여실히 보여 주는 산증인입니다. 지금도 하루 네 시간씩 꼬박꼬박 책을 읽습니다. 그것도 모자라 화장실에 갈 때도 밥을 먹으면서도 책을 놓지 않아 엄마한테 야단을 맞는 지경입니다. 길을 걷다가 언뜻언뜻 떠오르는 단상도 놓치지 않으려고 메모를 합니다. 책을 읽곤 줄거리든 느낌이든 독서록에 글 한 줄이라도 남겨야 직성이 풀립니다.

이 책은 그 어린이의 수상 작품집입니다. 무슨 대회에 나가 어떤 글로 상을 받았는지 확인할 수 있습니다. 지금은 엄청난 수상경력을 자랑하는 그도 수많은 대회에서 힘들 때가 많았다고 합니다. 그럴수록 더욱 독서와 글쓰기에 매진했고, 그래서 오히려 그것이 자신에겐 거름이 되었다고 합니다.

꿈을 키우며 자라나는 어린이들이 그를 본보기로 삼을 만하다고 생각해 이 책을 내놓습니다. 부디 많은 어린이들이 그의 결실을 참고해 잠재력을 키우고 큰 빛을 발하기 바랍니다.

차례

사랑이란 69

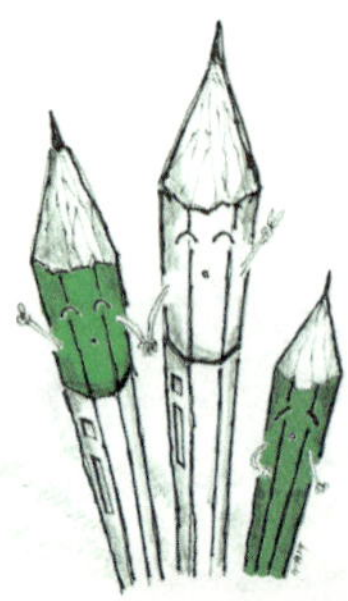

비닐봉지와 시장바구니 165

설레는 마음으로 193

우주를 날다 223

너는 할 수 있어 243

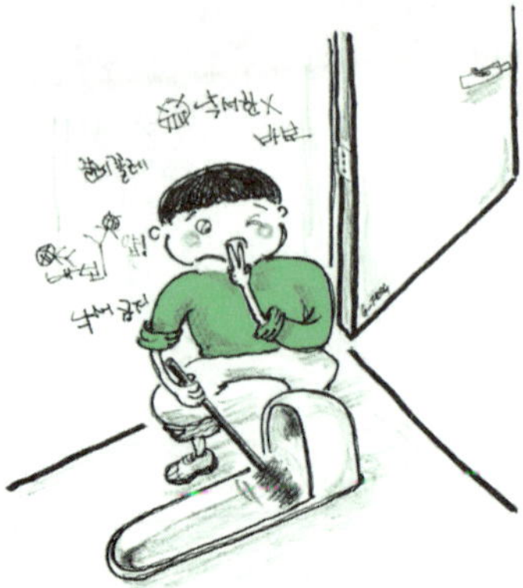

논술, 어렵지 않아요 285

* 대부분 원래의 글을 그대로 실었습니다. 특히 동시는 외래어만 표기법을 따르고 감칠맛을 더하는 표현인 경우 맞춤법에 상관없이 원문을 살렸습니다. 시를 제외한 다른 글에서는 어린이들이 이 책을 글쓰기 공부에 활용하는 데 문제가 없도록 한글 맞춤법 및 띄어쓰기에 어긋난 곳만 규정에 따라 바로잡고 일부 문장부호를 추가했습니다.

가을은 불장난을 좋아하나 봐

다운 가을 가을은 불장난을/ 좋아하나 봐요.// 연기도 나지 않는/ 불 지펴 놓고/ 혼날까 봐 재빨리/ 숨어 버려요.// 소나
/ 빙 둘러 봐도/ 단풍잎 속을/ 자꾸 들춰 보아도/ 보이질 않아요.// 연기 안 나는/ 불 피워 놓고/ 가을 산 좋아하는/ 이
을/ 목소리 한번 안 내고/ 손가락 흔들며/ 부르고 있어요.

나뭇가지에 매달려/ 바람 불 때마다/ 엉엉 울다가/ 사르르 떨어지는/ 새종이 같아요.// 빨갛고 노오란/ 그 얼굴로/ 사
손 내밀어/ 부탁 하여도/ 심술쟁이 찬바람은/ 들어 주지 않아요.// 떨어지는 게 무서워/ 눈 감고 있다가/ 툭 떨어지
달려가 안 아프게/ 도와주고 싶어요.// 돌멩이에 부딪쳐/ 멍들지 않게/ 사람들이 마구 밟아/ 부서지지 않게/ 내 교고
/ 잠재워 놓았다가/ 옷 벗은 나뭇가지/ 추워하는 날/ 하나씩 꺼내/ 가을 이야기를/ 다시 듣고 싶어요.

소년한국일보 글쓰기상(2003년 11월)
소년한국일보 주최

으뜸글
2003 1학년 때

번개 치는 날

하늘에 까만 구름
자꾸 늘어 가면
환하던 방안이 점점
어두워진다.

우르르 쾅쾅
천둥소리 들리고
반짝 반짝 터지는
카메라 플래시 불빛

어두운 방안 누가 있나?
엿보던 번개
겁에 질린 내 얼굴을
자꾸 찍는다.

제8회 서남 어린이 백일장 대회
서남방송 주최

최우수상
2003 1학년 때

바다

호주머니 속에
파아란 바다를
넣고 다니면
항상 짭짤한
갯벌 냄새가 날거야.

소라의 이야기도
갈매기의 노래도
그 속에서 가만히
들려 올 거야.

그 바다를
내 마음 속에
넣고 다니면

내 마음은 언제나
파란색 들판.

비가 내려도
눈이 내려도
변함이 없는
파아란 바다 속에
날마다 커가는 내 모습을
비춰 볼 거야.

소년조선 문예상(2003년 6월) (동시부문)
소년조선일보주최

특선
2003 1학년 때

거울

동그란 거울
보고 있으면
높은 천장이 쑤우욱
내려 앉아 있다.

징그런 파리들
오가는 모습
그물 쳐놓은 왕거미
매달린 모습.

동그란 거울 거꾸로
들고 있으면
주전자는 어느새
천장에 있고

책상 위 어항이
천장에 붙어
물 한 방울
흘리지 않는
요술 부린다.

제6회 유달산 백일장대회 (초등저학년 운문부)
목포문인협회 주관

대상
2004 2학년 때

봄바람

살금살금 다가온
따스한 바람이
이제 걸음마 시작한
내 동생 얼굴을 자꾸만
간지럽힌다.

동생은 간지러워
손을 내밀어도
손끝에 잡히지 않는
따스한 바람.

곱게 빗은 머리카락
헝클어 놓고
미안하다는 말 대신

심술부린다.

동생하고 장난치는 게
재미없는지
빨랫줄에 말려 놓은
옷 떨어뜨리고
혼날까? 무서워
얼른 도망간다.

제3회 전국 학생 일반 백일장
한국청소년신문사 주최
환경부, 서울특별시, 전라남도 후원

대상
2004 2학년 때

봄이 찾아오면

따스한 바람 달려와
나뭇가지 흔들면
벌거벗은 산등성이
옷 갈아입어요.

겨우내 달달 떨던
나뭇가지마다
노랗고 파아란
수줍은 얼굴이
숨었다가 살그머니
나타나지요.

벌들이 날아와
춤을 춰주고

나비가 날아와
날갯짓해요.

꽁꽁 얼어붙은
물속에 갇힌 물고기들이
봄이 온 게 반가운지
몸뚱이 흔들어요.

흙속에서 숨죽이던
개구리들도
논둑길에 마중 나와
나를 반겨요.

제9회 강진 청자문화제 기념행사 청자백일장
강진문화원 주최

우수상
2004 2학년 때

뭉게구름

나란히 나란히
파아란 하늘로
한 덩어리 꿈이
몰려다닌다.

고추잠자리 날아간
감나무 사이로
조각난 구름이 다가와
크게 웃는다.

사다리 걸쳐 놓고
감나무 오르면
한 덩이 꿈이 내 손에
잡힐 것 같다.

내가 나무 위로 올라가면
그만큼의 높이로 올라가
약 올리고
나뭇가지에 서너 번
턱걸이 연습 하더니
갈 길이 바쁜지 재빨리
달려가 버린다.

제10회 한국청소년문학상 공모전 (초등 시부문)
한국기독교청소년선교회 주최
문화관광부, 국무총리실 청소년보호위원회 외 후원

대상
2004 2학년 때

은행잎 편지

찬바람 불면
하나 두울
자꾸만 하얀 눈처럼
바람에 날린다.

나와 친구하고 싶은
꿈을 꾸는지
등에 멘 내 책가방에
소리 없이 다가와
걸터앉는다.

한참을 걷다가
뒤돌아보면
아직도 환하게 웃는

은행나무는
받는 사람 적지 못한
노란 편지를
바람 따라 하나 둘
날리고 있다.

제6회 효녀심청 전국 어린이 예술 공모전

(글짓기부문)

곡성문화원 주최

금상

2005 3학년 때

봄바람

살금살금 꽃밭 딛고
몰래 걸어 와도
나는 다 알아.

네가 한걸음씩
다가오고 있다는 걸.

혹시나 들키지 않으려
발꿈치 들고 다녀도
네가 지나는 걸
나는 다 알아.

이제 얼굴 내미는
초록 새싹들

건강하게 크라고
가만히 쓰다듬고
얼른 지나가는
네 착한 마음을
눈 감고 있어도
나는 다 알아.

소년한국일보 글쓰기상(2005년 5월)
소년한국일보 주최

으뜸글
2005 3학년 때

감자

망태기 속에 넣어 둔
감자 씨앗에
어느 새 굵은 싹
솟아오른다.

비좁은 망태기 틈
어떻게 알고
그 틈새로 사알짝
얼굴 내민 채
봄이 찾아 왔는지
살피고 있다.

밭에 갈라 심어도
죽지 않고 잘 자라는

맛있는 감자
한 집안에
식구들 여럿을
데리고 산다.

제9회 야외 백일장
목포공공도서관 주최

대상
2005 3학년 때

바다

춤추는 바다 말없이
보고 있으면
파아란 꿈이 자꾸만
떠밀려 와요.

하얀 거품 입에 문 채
지나는 배 간지럼 태우고
반가워 노래 부르는
갈매기 날개에 실려 온
작은 섬 이야기
파도와 뒤섞여 정답게
춤을 추지요.

지나는 배가 만들어 놓은

하얀 길 속에는
넓은 바다 닮고 싶은
내 마음이
조개껍질이랑 파래 줄기랑
단짝 친구 되어
바닷물 따라 살랑 살랑
춤추고 있어요.

제11회 한국청소년문학상 공모전 (시부문)
한국기독교청소년선교회 주최
문화관광부, 국무총리실 청소년보호위원회,
국민일보, 기독교방송, 기독교TV, 극동방송 외 후원

우수상
2005 3학년 때

감나무 오르던 날

내 키보다 요만큼
커다란 감나무
보기만 해도 겁이 나
발이 떨린다.

조심 조심
친구들에게 겁쟁이라
불리기 싫어
감나무 붙잡은 손
힘이 들어 갈수록
자벌레된 내 몸이
땅에서 멀어진다.

중간쯤 올라가다가

아래를 보니
술 취한 사람처럼 다리가
후들거린다.
머리가 갑자기
어지러워진다.

두 손으로 주름진 감나무
꼭 안아 보아도
나뭇가지 딛고선 발이
딴사람 발처럼
내 말 안 듣고
후들거린다.

무서움 잊으려
눈을 꼭 감아도
친구들 목소리가
꿈속에서처럼
작게 들린다.

제6회 남도 청소년 백일장
문학춘추 작가회 주최

최우수상
2005 3학년 때

보이지 않는 바람

아무리 눈 크게 떠도
보이지 않는
한줄기 바람이
장난치나 봐요.

팔랑 팔랑 은행잎
노란 손 흔들면
바람이 장난치는 모습
볼 수 있어요.

내가 보면 부끄러워
얼굴 숨긴 채
내 얼굴 만지고
얼른 달아나는

그 웃음소리를
나는 바람 부는 날
은행나무 아래서
들을 수 있어요.

제6회 전국 가사 · 시조 · 시 창작 공모전(학생부)
담양군청 주최, 문화관광부 후원

장려상
2005 3학년 때

나뭇잎 그네

가만히 흔들리는
파란 나뭇잎
바람이 타고 노는
그네이지요.

나뭇잎 끝에 앉아
살그머니 구르면
흔들 흔들 춤추는
나뭇잎 그네가
바람 손님 태우고
왔다 갔다 해요.

철봉 아래 매달린
의자 없어도

바람이 나뭇잎 위에
걸터앉으면
세상에서 하나뿐인
그네가 되요.

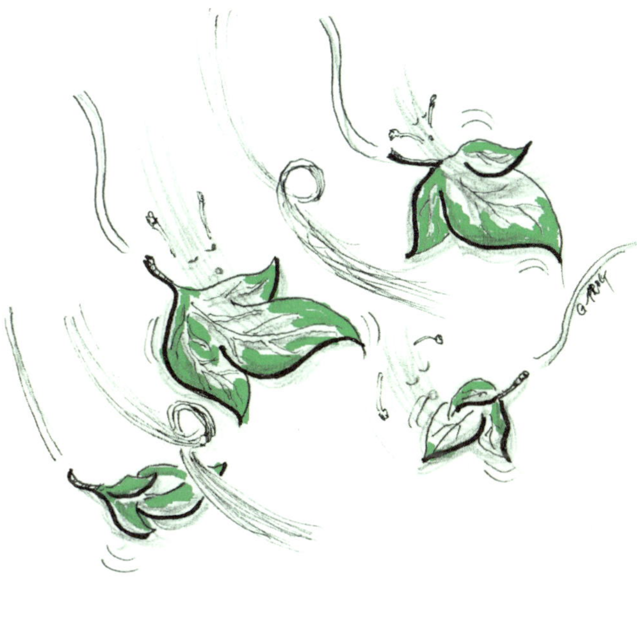

소년한국일보 글쓰기상(2006년 11월)
소년한국일보 주최

으뜸글
2006 4학년 때

고추

햇볕이 쨍쨍
얼굴 붉히면
시골집 슬레이트 지붕에는
꽃이 피지요.

빠알갛게 웃음 띤
길다란 꽃들이
이 집 저 집 지붕에서
파란 하늘 보며
자꾸만 피어나지요.

하늘에서 그걸 본
둥근 해님이
매운 향기에 취해 버리면

얼굴색이 점점
빨개지지요.

제5회 한성디지털대학교
전국 청소년 사이버백일장 (초등부)
한성디지털대학교 주최

장려상
2006 4학년 때

기차

기차가 달린다.
길이 따라 달린다.

네모난 논밭 지나
전봇대 밀치며
자꾸만 앞으로
달려 나간다.

길가에 이름 모를 새싹
파랗게 웃는데
거울 같은 물 담은 논에
까만 그림 그리며
기차가 달린다.

따스한 햇볕 한 줌
머리에 이고
이제 봄이 찾아와
기분 좋다고
길다란 몸뚱이 흔들며
글자 공부 하면서
신나게 간다.

단재 신채호 선생 탄신 126주년 기념

제2회 전국 초 · 중 · 고 학생 사이버논술 및 문예창작 대회 (문예창작부문)

충청교육신문사 외 주최

은상
2006 4학년 때

소나기 오는 날

하늘이 갑자기
까매져 버렸다.

밤도 아닌데
어두운 밤처럼
회색 커튼 친 다음 내리는
빗방울 따라서
접혔던 우산이
하늘을 머리에 인다.

우산 끝에 뾰쪽 솟아오른 바늘
아프다고
하늘이 눈물을
자꾸 흘린다.

점점 늘어난 우산 바늘
엉덩이 콕콕 찌르면
아픔 참지 못한 하늘이
후드득 소리치며
더 큰소리로
울어 버린다.

제6회 전국 청소년 호수예술제 (운문 공모부문)
시민신문사 주최
문화관광부, 경기도, 경기도교육청 외 후원

대상
2006 4학년 때

보리밭

파아란 보리밭에는
사람이 산다.

내가 사잇길 지나가면
장난치고 싶어
뾰쪽한 수염
이리 저리 부딪치며
나를 손짓해 부른다.

내가 걸어가면
내 이름 한번 부르고 나서
얼른 숨어 버리는
보리밭 속에는
눈에 안 보이는 사람이

술래잡기를 한다.

아무리 살펴보아도
얼굴 안 보이는
사람 하나가
숨 쉴 때 흔들리는
보리밭 속에 몰래 숨어
내 발걸음을 자꾸
붙잡아 놓는다.

제2회 어린이 · 청소년 평화백일장 대회 (시부문)
평화실천 광주전남 불교연대 주최

광주시장상
2006 4학년 때

아름다운 가을

가을은 불장난을
좋아하나 봐요.

연기도 나지 않는
불 지펴 놓고
혼날까 봐 재빨리
숨어 버려요.

소나무 뒤를
삥 둘러 봐도
단풍잎 속을
자꾸 들춰 보아도
보이질 않아요.

연기 안 나는
불 피워 놓고
가을 산 좋아하는
여러 사람을
목소리 한번 안 내고
손가락 흔들며
부르고 있어요.

제46회 목포예술제 학생백일장
한국예술문화단체총연합회 목포지부 주최

최우수상
2006 4학년 때

낙엽

나뭇가지에 매달려
바람 불 때마다
엉엉 울다가
사르르 떨어지는
색종이 같아요.

빨갛고 노오란
그 얼굴로
살려 달라 손 내밀어
부탁 하여도
심술쟁이 찬바람은
들어 주지 않아요.

떨어지는 게 무서워

눈 감고 있다가
톡 떨어지면
얼른 달려가 안 아프게
도와주고 싶어요.

돌멩이에 부딪쳐
멍들지 않게
사람들이 마구 밟아
부서지지 않게
내 교과서 속에
잠재워 놓았다가
옷 벗은 나뭇가지
추워하는 날
하나씩 꺼내
가을 이야기를
다시 듣고 싶어요.

제12회 한국청소년문학상 공모전 (시부문)
한국청소년선교회 주최

대상
2006 4학년 때

가을

가을은 물감을
감추고 있어요.

그 물감 가만히
나무에 뿌리면
나뭇잎 울긋불긋
술 취해 버려요.

그 물감 가만히
감 열매에 뿌리면
파랗던 얼굴
붉어져 홍시 되지요,

살랑 살랑 불어오는

찬바람 속에
그 물감 숨겨 놓았다가
내가 한눈파는 사이
얼른 뿌리고
잡히지 않으려 재빨리
달아나지요.

제1회 다형 김현승 시인 전국학생문예작품모집
(초등부)
다형 전국학생문예작품공모위원회 주최

최우수상
2006 4학년 때

노란 물든 은행잎

파랗던 부채 끝에
노란 물이 들었어요.

누가 보면 부끄러워
달 없는 어두운 밤에
색칠 하느라
파랗던 은행 잎사귀
조금 덜 칠한 것도
몰랐나 봐요.

찬바람이 달려오면
노란 새 옷 뽐내며
사이좋게 같이 놀자고
귓속말로 소근 소근

이야기 하지요.

지나가던 찬바람
그 말 알아듣고서
활짝 편 노란 부채
가만히 흔들어 보고
웃으며 가요.

사랑이란

너 누구나 마음은/ 갖고 있지만/ 아침마다 대문 앞에서/ 책가방 메고 가는 내가/ 보이지 않을 때까지/ 손 흔들어 주시
마음은/ 어머니밖에 없을 거야.// 갑자기 비오는 날/ 교문 앞에 우산 들고/ 내 얼굴 나타나길/ 기다려 주시는/ 그
에/ 내가 이렇게/ 살고 있는 거야.// 독감 걸려 밥도 못 먹고/ 누워 있으면/ 천장이 빙글빙글/ 동그라미 그리며 돌아가지
버린 물수건/ 다시 갈아 주며/ 잠도 못자는/ 어머니 정성과 사랑 때문에/ 환하게 웃음 짓는/ 내가 있는 거야.

제10회 국민건강증진운동 글짓기 현상공모
(결핵예방부문)
대한결핵협회, 소년한국일보 공동 주최
보건복지부 후원

대상
2004 2학년 때

보건복지부장관상

크리스마스 실과 우리 할머니

나는 초등학교 1학년에 다니던 작년까지만 해도 크리스마스 실 모금 운동이 왜 필요한지 전혀 몰랐다.

그래서 겨울방학을 앞두고 선생님께서,

"크리스마스 실을 살 사람은 손을 들어 보세요."

라고 말씀하셨을 때 나는 손을 번쩍 들 수가 없었다.

이렇게 우리 반 친구들이 나처럼 아무도 손을 들지 않자 선생님이 말씀해 주셨다.

"크리스마스 실 모금 운동은 결핵이라는 전염병을 예방하고 결핵에 걸린 사람을 치료하는 데 필요한 돈을 모으는 사랑의 운동이에요."

하지만 나는 그때 선생님의 그 말씀을 별로 귀담아 듣지 않았는데 2학년이 되어 시골집에 가서는 선생님의 그 말씀이 자꾸만 떠올랐다.

여름방학이 시작되자 목포에서 30분 정도만 가면 그림처럼 나타나는 시골집에 가고 싶어서 나는 밤잠을 설칠 정도로 들떠 있었다.

하지만 참외가 노랗게 익어가는 원두막보다 내 마음을 더 들뜨게 하는 것은 마음씨가 비단결같이 고운 우리 할머니가 살고 계시기 때문이었다.

나는 여름방학이 시작되자마자 과제물과 갈아입을 옷, 그리고 할머니께 드릴 선물을 가방에 넣은 채 달리는 버스에 올랐다.

미리 연락을 받고 버스 정류장에 나와 계시던 할머니가 나와 동생 모습을 발견하시고는,

"오메, 내 새끼들 오니라고 고생했다."

하고 말씀하시는 바람에 내 얼굴은 홍시처럼 붉어지고 말았다.

그런데 시골집에서 즐거운 나날을 보낸 지 사흘째 되던 날, 시골에 사는 아이들이랑 저수지에서 수영을 한 다음 집으로 돌아 왔더니 평상에 앉아 계시던 할머니가 갑자기 기침을 연달아 하시면서 빨간 피를 토하는 것이었다.

나는 그걸 보고 겁이 덜컥 났다. 그래서 원두막으로 재빨리 달려가 참외를 지키시던 삼촌을 불러 왔다.

나는 옷을 급히 갈아입고 목포에 있는 병원으로 삼촌을 따라 병원에 가시는 할머니가 제발 무사히 돌아와 주기를 바라는 마음으로 두 손을 가지런히 모았다.

그런데 병원에 갔다 오신 삼촌이,

"어머니께서는 결핵이라고 하더구만, 인자 조카 보고도 가까이 가지 말라고 타일러야겠어."

하고 말씀하시는 걸 듣고 다른 사람도 아닌 우리 할머니가 폐결핵이

라는 사실이 쉽사리 믿어지지 않았다.

하지만 할머니가 폐결핵에 걸렸다는 것을 알게 된 삼촌은 그 다음 날부터 아예 숟가락, 밥그릇도 따로 따로 정해주고 방마저 문간방을 정해준 채 누구든지 함부로 방에 들어가지 못하도록 말리셨다.

그래서 나도 삼촌이 집에 계실 때는 할머니 방에 마음대로 들어가지 못했지만 삼촌이 밖에 나가시면 내 세상을 만난 듯 할머니를 찾아가 그동안 학교에서 있었던 재미난 이야기를 빠짐없이 들려주었다.

그러면 할머니께서는,

"대원아! 결핵은 다른 사람에게 옮긴다는데 병 걸리면 어떡하려고 그러냐."

하시며 걱정해 주셨다.

그런데 결핵이 걸리신 할머니께서는 보건소에서 주는 약을 하루도 빠지지 않고 복용하신 덕분에 이제는 밥도 맛있게 잡수신다는 목소리를 전화로 듣고, 여름방학이 끝난 뒤 집에 돌아와 할머니가 예전처럼 건강하도록 해 달라고 일요일마다 교회에서 기도드린 나는 눈물을 주르륵 흘리고 말았다.

크리스마스 실 운동이 없었더라면 오랫동안 먹어야 하는 결핵약 때문에 걱정이 많았을 텐데, 나는 결핵에 걸리신 할머니를 통해 결핵 치료하는 약을 싼값에 줄 수 있는 것은 바로 크리스마스 실 모금 운동 때문이라는 것을 알고 고마운 생각이 들었다.

이제 겨울방학이 되면 예전처럼 건강을 되찾으신 할머니가 좋아하

는 귤을 한바구니 가득 사가기 위해 오늘도 빨간 돼지 저금통에 동전을 넣으면서 작년처럼 크리스마스 실을 살 사람을 물어 온다면 우리 반에서 제일 먼저 손을 번쩍 들고 싶었다.

제2회 민주화운동기념사업회 문예공모전

(독후감부문)

민주화운동기념사업회 주최

버금상

2003 1학년 때

어려움을 이겨내는 참된 용기를 가르쳐준 『몽실 언니』를 읽고

나는 유리창 밖에 봄비가 줄지어 내리는 오늘 『몽실 언니』라는 책을 읽어 보았습니다.

지금은 이런 일들이 없겠지만 몽실이는 정말 어려운 시기에 살았던 것 같았습니다. 남북이 서로 갈라져 한참 싸우던 6 · 25 때 살아남은 몽실이를 통해 나는 전쟁이 얼마나 무서운 것인지를 배울 수 있었습니다. 이렇게 보면 나는 평화로운 지금 태어난 것이 참 다행이라는 생각이 듭니다.

내가 만약 몽실이와 같은 시대에 태어났더라면 무서운 전쟁을 겪어야 했을 것이고, 또 가난까지 겪어야 했을지 모르기 때문입니다.

나는 타임머신이 있다면 너무나 가난했던 그 사람들을 우리 집에 데려와 맛있는 음식을 배불리 먹여주고 싶었으며 손쉽게 이혼하는 어른들을 보면서 정말 바보같이 생각되기도 했고 한편으로는 한심스러워졌습니다.

나는 『몽실 언니』를 읽어 가면서 몽실이가 정말 불쌍하다는 생각이 들었습니다. 몽실이와 서로 입장을 바꿔서 생각해 보니 나는 지금 부모님의 따뜻한 사랑을 받으면서 자랄 수 있다는 것이 커다란 행복이라는 것을 깨달을 수 있었습니다.

또, 이렇게 좋은 세상에서 살아갈 수 있다는 것도 다행이라고 여겨졌습니다.

나에게는 두 명의 동생이 있습니다. 그런데 몽실이에게는 세 명의 동생이 있었습니다. 그중에서 두 명은 진짜 친엄마가 낳은 자식이고 나머지 한 명은 새엄마가 낳은 자식입니다.

하지만 몽실이는 그런 것을 일부러 구분하지 않고 동생들을 똑같이 아껴주는 착한 마음씨를 갖고 있었습니다. 가난하고 배가 고플 텐데도 몽실이는 자기보다 동생을 먼저 챙길 줄 알았고 동생들의 아픔을 자기의 아픔으로 생각하는 것처럼 보였습니다. 만약 내가 그런 가난한 시대에 태어났더라면 동생이고 뭐고 없이 무조건 나만 배불리 먹는 욕심을 부렸을지도 모르는데 몽실이는 달라도 확실히 달랐습니다.

솔직히 나도 동생이 두 명이나 있지만, 때로는 동생들이 공부하는 나를 귀찮게 하고 내가 과자를 먹고 있으면 더 달라고 고집을 부려대는 바람에 어쩔 수 없이 발로 차고 싸우기도 합니다.

나는 이 책을 읽으며 몽실이가 부럽기도 했고 한편으로는 신기하다는 생각도 들었습니다.

어떤 방법으로 자기 자신보다도 어린 동생들을 더 사랑할 수 있었는지 나는 몽실이에게 갈 수만 있다면 맨 먼저 그것부터 물어 보고 싶었습니다. 그래서 몽실이가 알려준 대로 동생들에게 실천하여 이 세상에서 가장 좋은 형이라는 말을 듣고 싶어졌습니다.

새아빠네 집에 간 몽실이가 처음에는 귀여움을 받았으나 남동생이 태어난 다음부터는 필요 없는 존재가 되어버린 것 같아 슬펐습니다. 사람은 세상에 태어난 이상 모두가 귀한 것인데도, 왜 사람을 하찮게 보고 필요 없게 여기는 사람이 있는지 모르겠습니다. 내가 생각할 때 이 세상에서 사람보다 귀한 존재는 하나도 없는 것 같습니다. 하지만 그런 어려운 환경 속에서도 울지 않고 꿋꿋하게 살아가는 몽실이가 한편으로는 부러웠습니다.

나는 내가 원하는 일이 제대로 되지 않으면 공연히 트집을 잡아 투정을 부리고, 부모님이 동생을 조금만 더 예뻐해 주는 것 같으면 곧잘 화를 내곤 하는데, 나는 몽실이의 어른스러운 마음을 본받고 싶었습니다.

그러던 어느 날 친아빠가 찾아오고 화가 많이 난 새아빠는 엄마와 몽실이를 마루에서 밀어 내는데 이때 몽실이는 마루에서 떨어져 한쪽 다리를 제대로 쓸 수 없는 절름발이가 된 것을 알고 이 책을 읽어가던 나는 슬픈 생각이 들었습니다.

만약 성격이 불같은 나였더라면 뭐라고 따졌을 것이 틀림없습니다.

그 일이 있은 후 몽실이는 새아빠네 집에서 다시 친아빠네 집으로 돌아옵니다. 아빠는 다시 새엄마를 맞이하게 되었으나 새엄마는 몸이 너무 약해 동생 난남이를 낳고 죽게 됩니다.

친엄마가 자신을 떠나고 새엄마마저 다시는 볼 수 없는 먼 곳으로 떠났을 때 몽실이가 얼마나 슬펐을까? 상상해 보니 항상 엄마의 속을 썩이고, 말썽만 피우는 내가 정말 부끄러운 생각이 들어 쥐구멍이라도 있으면 숨어 버리고 싶었습니다.

그래서 몽실이는 혼자서 난남이를 키우게 됩니다. 나는 부모님이 계시지 않아도 슬픔을 꾹꾹 참아내며 동생 난남이를 돌보는 몽실이의 행동을 보고 부끄러웠습니다. 나한테도 이제 태어난 지 7개월이 되어가는 남동생이 있습니다. 내가 동생을 귀여워 해 줄 때도 있지만, 때로 짜증날 때도 더러 있습니다. 하지만 몽실이는 그런 걸 꾹 참고 동생을 사랑합니다.

어떻게 그런 행동을 할 수 있을까? 너무 신기하기도 하고 한편으로는 정말 부러웠습니다. 몽실이는 가난했지만, 어쩌면 지금의 나보다 더 행복하고 보람 있는 나날을 보냈을지도 모릅니다.

나는 어버이날만 부모님을 기쁘게 해 드리는 것이 효도가 아니라, 어떻게 해서라도 병든 아버지를 살리고 싶은 마음이 간절해 같이 곁에 있어 드리는 것이 진짜 효도라는 생각이 들었습니다.

몽실이의 그런 행동에도 불구하고 아버지는 죽게 됩니다. 하지만 아버지는 하늘나라에서도 자신의 사랑스러운 딸인 몽실이를 지켜보면서 몽실이의 아름다운 태도를 보시면 눈물을 흘리고 계실 거라 생각합니다.

엄마 아빠도 없이 혼자서 동생을 키우고 살아갔지만, 몽실이는 자기 할일을 다하고 동생을 사랑했다는 생각이 들었습니다. 비록 가난한 살림 속에서 고통을 겪었지만, 자신이 할일을 다했다면 몽실이는 분명 행복했을 것입니다.

엄마 아빠도 없었고 가난을 겪었던 몽실이에 비해 지금 살아 계신 엄마 아빠 아래서 사랑을 받고 자란 나는 행복한 것 같습니다.

나는 내가 원하는 대로 되지 않으면 부모님께 투정을 부리고 화를 냈던 내 자신이 몽실이에 비하면 너무 보잘 것 없게 느껴졌습니다. 하지만 나도 이제는 몽실이 못지않게 착한 어린이가 되어 부모님의 속도 썩이지 않고, 동생들을 좀 더 아껴 주면서 언젠가 책속의 길에서 다시 한 번 몽실이를 만나보고 싶었습니다.

제2회 효 작품 공모전 (문예부문)
한국고령사회복지연구원 주최

우수상
2004 2학년 때

우리 할머니

고생만 하시다가
흰 머리카락 나고
손가락이 갈라진
할머니 얼굴 보면
가슴 아파 온다.

아직도 힘든 농사일
계속하느라
허리 한번 못 편 채
힘든 줄 모르고 잡초 뽑을
우리 할머니.

등이 자꾸 굽어
허리 반쯤 구부린 채

일하다가도
버스에서 내리는
내 모습 보고
한걸음에 달려오시는
반가운 얼굴.

내가 팔다리 조금만
주물러 줘도
"아이구 시원해"
틀니 드러낸 채 웃으시는
우리 할머니.

이젠 편히 쉬셔도
될 것 같은데
농사 지어 가져오는
할머니 보면
그 뜨거운 사랑에
목이 메인다.

내가 얼른 자라
어른이 되면

많은 고생하신 할머니
힘든 일 안하시도록
할머니 대신해 땀방울을
흘리고 싶다.

제2회 전국학생 시조백일장대회 (초등부)
시조사랑나라사랑운동본부, 광주전남시조시인협회 주최

최우수상
2004 2학년 때

어머니

따스한 사랑 속에
오늘도 커 가지요.

뜨거운 마음 모아
내 앞길 비춰주면

어두운 밤길 걸어도
무섭지가 않아요.

어머니 사랑 속에
내 마음이 커 가지요.

힘들 때 다가와

내 어깨 감싸주면

내 마음 깊은 곳에서
용기가 솟아나요.

제4회 교통안전 백일장
한국도로공사 호남지역본부 주최

장려상
2005 3학년 때

하늘가신 우리 할아버지

올해도 어김없이 무더운 여름이 시작되자 손꼽아 기다렸던 여름방학이 한걸음씩 다가왔다. 학교 다닐 때는 바쁘다는 핑계로 가지 못한 시골집에 가면 나를 반기는 할머니 할아버지가 노란 옥수수를 가마솥에 쪄 놓고 기다리실 거라고 생각하니 가슴이 자꾸만 두근거렸다.

이렇게 기다리던 여름방학이 시작된 지 사흘째 되던 날, 시골집에 가려고 옷을 갈아입던 나는 전화선을 통해 울먹이는 할머니 목소리를 듣고 손이 달달 떨려 얼른 아버지 손에 수화기를 넘겨 드렸다.

하필이면 시골집에 가려고 내 마음이 풍선처럼 부풀어 오른 그날, 내가 세상에서 가장 사랑하는 할아버지의 교통사고 소식을 듣게 된 것이다. 금방이라도 울 것 같은 얼굴의 아버지는 전화 수화기를 제자리에 놓지도 않고 넥타이를 매지도 않은 채 할아버지가 실려 가셨다는 한국병원으로 가셨다. 나는 초등학교 3학년이 된 지금까지 그처럼 서두르시는 아버지 모습을 본 적이 없었다.

나는 옷을 갈아입고 울리지 않는 전화기를 몇 번이나 들었다가 다

시 놓으면서 병원에 가신 아버지가 제발 좋은 소식을 전해 주셨으면 하는 마음이었다.

그러나 병원에 가신 아버지가 응급실에서 할아버지를 보고 걸어 온 전화 목소리는 기운이 없었다.

그렇게 두 시간이 흐른 뒤 할아버지가 돌아가셨다는 슬픈 소식을 듣고 나는 꿈인 것만 같아 팔을 몇 번이나 꼬집어보기도 했다.

만약 자동차가 없었더라면 우리 할아버지는 좀 더 오래 사셨을 거라는 생각이 파도처럼 밀려 왔다.

작년 여름방학 때 같이 찍은 사진 속에서 웃고 계시는 할아버지 얼굴이 나를 더욱 슬프게 만들었다.

그날 오후 영안실 서랍 속에 누워 있는 할아버지를 본 다음 우리 집 식구들은 차를 타고 할아버지가 사고를 당하셨다는 장소를 찾아가 보았다. 아직도 까만 아스팔트 길에는 빨간 피가 엉겨 붙어 있었다. 나는 그것이 마치 할아버지의 마지막 목소리 같았다.

뒷밭에서 키운 호박을 팔아 내 옷을 사주시려고 리어카를 끌고 가시던 할아버지를 트럭이 받아 버리지만 않았어도 그런 일은 없었을 텐데. 길게 뻗은 반듯한 도로에서 그렇게 큰 사고가 난 것은 정말 이해할 수 없는 일이었다.

아버지가 파출소에 들러 들어 본 교통사고가 일어나게 된 이유는 운전자의 졸음운전 때문이었다. 앞서 가는 리어카를 뒤늦게 발견하고 브레이크를 밟았지만 한발 늦어서 일어난 끔찍한 사고였다.

나는 그 아저씨가 진짜 원망스러웠다. 어쩌자고 달리는 흉기와 같다는 자동차를 운전하면서 꾸벅 꾸벅 졸 수 있는지 정말 알 수 없는 일이었다. 조금만 운전을 잘했더라면 할아버지는 좀 더 오래 살아 날마다 커가는 나를 지켜보며 많은 칭찬을 해 주셨을 텐데, 생각하지도 못한 사고로 인해 갈비뼈가 부러지고 사람에게 제일 소중하다는 뇌 속에 피가 흘러 들어가 공부 잘하고 부모님 말씀 잘 들으라는 말씀도 들려주지 못하고 내 곁을 떠나간 할아버지가 아직도 웃고 있는 앨범을 펼쳐보니 뜨거운 눈물이 앞을 가렸다.

손꼽아 기다린 방학이 시작되어 내가 시골에 갈 때마다,

"대원아! 길을 건널 때는 이 쪽 저 쪽을 잘 살핀 다음 차가 지나고 나면 안전하게 건너야 한다."

라고 하시더니 이제 나는 그 말씀을 더 이상 들을 수 없게 되었다.

내가 볼 때 자동차는 편리하면서도 무서운 두 개의 얼굴을 가지고 있다가 어느 날 갑자기 우리에게 슬픔을 주는 것 같다. 조금만 주의를 기울이면 일어나지 않을 끔찍한 사고를 일으켜 한 가정의 행복과 웃음마저 빼앗아 가버리니 말이다.

이제는 할아버지를 뒷밭에 묻어버려 시골에 갈 때마다 할아버지 무덤을 바라 볼 수밖에 없지만 나는 그래도 할아버지를 보고 싶으면 할아버지가 잠들어 있는 무덤이라도 찾아 가고 싶다.

그래서 우리 할아버지를 그렇게 만든 그 아저씨도 용서하고 다시는 이 땅에서 이런 교통사고가 없는 세상을 만드는 안전이란 두 글자를

가슴 깊이 새기며 시간이 조금 늦더라도 안전하게 길을 건너는 교통 질서 지키는 습관을 길들여 나갈 때 뜨거운 여름날 하늘나라로 떠난 우리 할아버지가 하늘에서 나를 내려다보며 환하게 웃어 주실 것 같은 생각이 든다.

제27회 에너지절약 작품현상공모 (실천수기 부문)
에너지관리공단 주관

우수상
2005 3학년 때

절약 대장이 된 우리 아버지

우리 아버지는 구두쇠라고 불린다. 키가 작아진 몽당연필도 그냥 휴지통에 버리지 않고 막내 동생이 먹고 난 분유통 속에 차곡차곡 넣어 두셨다가 직장에 안 나가는 일요일이면 볼펜대에 끼워 키다리 연필로 만들어 주신다.

그래서 지금 내 필통에는 그런 키다리 연필이 두 자루나 들어 있는데 몽당연필과 볼펜대를 하나로 이었기 때문에 보통 연필보다 키가 훨씬 커져 버렸다.

그런 아버지를 어머니는 가끔씩 장난삼아 구두쇠라고 놀려대신다. 가까운 거리는 걸어 다니고 사무실에 출근하실 때처럼 조금 더 먼 거리는 자전거를 타고 갔다 오시기 때문에 어머니는

1년에 두 번씩 새로 사는 구두 값이 버스비보다 비쌀 거라고 말씀하지만 아버지는 그때마다 운동도 되고 버스비도 절약되니 세상에 이보다 좋은 일이 어디 있냐며 크게 웃어 버리신다.

그런 아버지는 에너지 절약에 있어서도 마찬가지다. 항상 전기 콘센트를 살피시면서 안 쓰는 전기 제품의 코드를 찾아내 뽑으시고 겁쟁이 동생이 무섭다고 켜 놓은 전등을 꺼 버린다.

그래서 가끔은 내가 학용품을 찾으러 다니다가 켜 놓은 불까지 꺼 버리기도 하고 거실 형광등을 미리 꺼 버리는 바람에 어머니의 잔소리를 듣기도 하지만 사람이 없는 곳에 하는 일도 없이 켜진 채 졸고 있는 전등은 없는지 혼자서 말하는 텔레비전은 없는지 내가 컴퓨터를 하고 나서 전원 플러그를 안 뽑은 것은 아닌지 꼼꼼하게 살펴보신다.

아주 어려서부터 이런 아버지 모습을 보아 온 때문인지 나도 이제는 아버지를 조금씩 닮아가는 것 같다. 길을 가다가 누군가가 떨어뜨린 몽당연필이나 지우개가 있으면 보물처럼 주워 오고 집 앞에 서 있는 가로등이 켜져 있으면 스위치를 찾아 내리곤 하니 말이다.

그걸 보고 아버지께서는

"우리 대원이도 이제 제법이구나."

하시며 큰 소리로 웃으셨다.

아버지의 구두쇠 같은 절약 정신 때문에 우리 집은 무더운 여름이 찾아 와도 에어컨의 시원한 바람을 구경할 수 없지만 아버지는 전기 제품을 새로 사기로 결정하면 항상 소비 전력이 얼마나 되는지 에너지 등급은 어떻게 되는지 살펴보신 다음 사신다.

무엇이나 철저히 아끼시는 우리 아버지는 그 때문인지 필요 없는 것은 절대로 하지를 않는다. 건강을 해치는 담배는 아예 입에 대지 않으시고 술도 꼭 필요할 때만 조금씩 마시는 아버지를 보고 어머니는 멋이 없다고 그러시지만 내가 볼 때 아버지가 전혀 멋이 없는 것은 절대 아닌 것 같다.

얼마 전 속초에 산불이 났을 때는 이십만 원의 성금을 방송국에 전달하기도 했고 어렵게 살아가는 소년 가장을 돕기 위해 한국 복지 재단의 후원금도 한 달에 한 번씩 꼬박 꼬박 내시는 아버지는 어떻게 보면 정말 멋있는 아버지이다.

나도 이제부터는 말이 아닌 행동으로 생활 속에서 절약 정신을 실천하는 아버지를 본받아 아무리 작은 것이라도 알뜰하게 아껴 쓰고 그렇게 모아진 돈으로 나보다 어려운 이웃을 위해 작은 도움이라도 줄 수 있는 그런 어린이가 되어야겠다.

내가 지금 한등 끄는 것은 아무것도 아니지만 우리 모두가 한집 한등 끄기를 생활해 나간다면 석유 한 방울 나지 않아 기름 값이 오를 때마다 마음 조이는 우리는 한발 앞선 에너지 절약으로 앞서가는 나라를 만들 수 있을 거라고 생각하며 지금 이 시간에도 꺼지지 않은 전등은 없는지 코드를 안 뽑은 전기 기구는 없는지 눈을 크게 뜨고 살펴보아야겠다.

제10회 5월정신계승 백일장대회 (운문부문)
5 · 18 광주민중항쟁 목포행사위원회 주최

최우수상
2005 3학년 때

어머니

누구나 마음은
갖고 있지만
아침마다 대문 앞에서
책가방 메고 가는 내가
보이지 않을 때까지
손 흔들어 주시는
그런 마음은
어머니밖에 없을 거야.

갑자기 비오는 날
교문 앞에 우산 들고
내 얼굴 나타나길
기다려 주시는
그 모습 때문에

내가 이렇게
살고 있는 거야.

독감 걸려 밥도 못 먹고
누워 있으면
천장이 빙글빙글
동그라미 그리며 돌아가지만
말라버린 물수건
다시 갈아 주며
잠도 못자는
어머니 정성과 사랑 때문에
환하게 웃음 짓는
내가 있는 거야.

제27회 한일 양국 아동작품교류전시회 (글부문)
한일여성친선협회 주최

금상
2006 4학년 때

동생 같은 애완견 대순이

나는 동물을 무척 좋아한다. 깨끗한 걸 좋아하시는 어머니께서는 동물은 사람과 달라서 함부로 대하면 병균을 옮길지 모른다고 걱정하시지만 나는 여러 가지 동물 중에서도 친구처럼 달리기를 같이 할 수 있는 강아지를 제일 좋아한다.

하지만 강아지 사는 것을 반기지 않으신 어머니 때문에 내 용돈을 쓰지 않고 반년 동안이나 모아 어린이날이 되어서야 시추라는 종류의 하얀 털을 가진 강아지 한 마리를 살 수 있었다.

내가 처음 강아지를 사온 날은 얼마나 가슴이 설레는지 잠을 자다가도 벌떡 일어나 강아지가 잘 있는지 다시 한 번 살펴보고서야 눈을 감았다.

그런 내 마음을 아는지 대순이란 이름을 가지게 된 우리 강아지는 내가 학교에 갔다가 집에 돌아오면 꼬리를 흔들고 멍멍 짖어대며 오늘도 나를 반겨준다.

털이 지저분해 보이면 목욕탕에 데리고 들어가 몸을 씻겨 주는데 대순이가 한 번씩 물 묻은 털을 흔들어댈 때면 물방울이 사방으로 퍼져 나가는 모습을 볼 수도 있고 내가 왼발을 달라고 하면 왼발을 정확히 내주는 대순이는 아무래도 내가 하는 말을 사람처럼 알아듣는 재주를 갖고 있는 것 같은 생각이 들 때가 한두 번이 아니다.

하지만 대순이를 처음 사 왔을 때 대순이가 자기 눈에 보이는 것은 아무것이나 물어뜯으려 해서 무척 힘들었다. 그러나 지금은 양말이 방바닥에 떨어져 있어도 함부로 건들지 않는 것을 보면 예전에 비해 많이 얌전해진 것이 사실이다.

때로는 내 친구처럼 때로는 내 동생처럼 내가 심심할 때 나와 같이 골목길에서 달리기를 하고 내가 가는 곳을 졸졸 따라다니는 대순이를 보고 있으면 내가 커서 어른이 되어서도 내 동생 같은 대순이와 같이 살고 싶다는 생각이 들어 내 손은 어느새 대순이의 머리를 쓰다듬게 된다.

제5회 국원문학상 작품공모전 (산문부문)
국립충주대학교 주최

우수상
2006 4학년 때

내 동생

햇빛이 눈부신 월요일 아침이었다.

기침을 계속하는 동생을 데리고 병원에 가시려던 어머니께서,

"대산아! 지금 몇 시니?"

하고 물었으나 대산이는 벽에 걸린 시계 바늘만 쳐다 볼 뿐 아무 말이 없었다.

그 모습을 보고 있던 내가,

"야! 8시 5분이잖아."라고 말했다.

그제서야 대산이는,

"8시 5분이래요." 이렇게 말하며 얼굴이 사과처럼 붉어지고 있었다.

나는 은근히 장난을 치고 싶은 마음에 지금 시간보다 10분을 더해서 말한 것인데 내가 말한 대로 말하는 대산이를 보니 입가에는 저절로 웃음이 터져 나왔다.

"어휴, 이 맹추야!"

내가 이렇게 말해도 대산이는 오히려 나를 빤히 쳐다보더니,

"그럼 형은 맹추 형이구나."

하며 깔깔 웃었다.

나는 웃어야 할지 화를 내야 할지 망설이다가 민지가 생각났다. 민구 동생인 민지는 숫자도 오십까지 셀 수 있고 내가 지금 배우는

초등학교 교과서도 줄줄 읽을 수 있다고 자랑하던데 내 동생은 왜 저럴까? 걱정스러웠다.

그러나 숫자라도 제대로 알려 주면 조금 좋을 것 같아 연습장에 숫사를 써 주고 큰 소리로 읽고 쓰게 하였다. 처음에는 글씨를 잘 쓰는 것 같더니 어느 틈엔가 7이라는 숫자가 연습장 위에서 사라져 버렸다.

"왜 7자를 안 쓰니?"

"어디, 어디?"

대산이는 버릇처럼 큰 소리를 내면서 나에게 대들었다.

"여기 이 숫자가 없잖아?"

"어 정말이네."

정말 기가 막힐 노릇이었다. 자꾸 가르쳐 주어도 금방 까먹는 대산이를 가르치는 것은 정말이지 깨어진 항아리에 물을 길어다 붓는 것과 다름이 없다고 나는 생각했다.

그래서 어머니에게,

"어머니! 나 숙제해야 되는데 대산이 혼자 공부하면 안돼요?"

라고 핑계를 대며 두 손을 들고 말았다.

어느새 내 앞에 앉아 연습장에 숫자를 써 가던 동생이 책상을 향해 말없는 인사를 계속하고 있었다. 내가 목 아프게 숫자를 가르쳐 주는데도 잠이나 자는 동생이 얄미워 군밤을 한 대 때려 주었다.

그러나 다음날도 그 다음날도 시계 바늘을 보면서 시계 보는 방법

을 몇 번씩이나 가르쳐 주어도 다시 물어 보면 머리를 긁적였다. 어머니는 옆에서 그런 내 모습을 보시고,

"대산이도 너를 닮았으면 이제 곧 알겠지."

하시며 빙그레 웃기만 하셨다. 아니 나도 마음속으로 그랬으면 좋겠다고 생각했다.

그러던 어느 날 학교에 갔다 오니 대산이가 쪼르르 달려 나오며,

"형! 나 시계 볼 줄 안다."

하고 자랑스럽게 말했다.

"정말이니?"

나는 쉽사리 믿기지 않아 안방에 들어오자마자 윗목에 걸린 벽시계를 가리켰다.

"지금 시간이 1시 40분이야, 그렇지"

이렇게 자신 있게 말하는 대산이 말을 듣고 시계를 쳐다보니 정말이었다. 시간을 귀신처럼 정확히 알아맞힌 동생이 자랑스러웠다.

어제만 같았어도,

"이 바보야, 그것도 몰라."

하는 말을 대산이 귓가에 몇 번씩 들려주었을 텐데, 내 손은 어느새 시계 바늘을 제대로 볼 줄 아는 동생의 머리카락을 쓰다듬고 있었다.

안녕, 친구야

속한 청팀이 잘못한 것이 아니었는데 우리 팀이 반칙을 했다고 명수가 자꾸 우기다 보니 생각하지도 못한 싸움이 벌어ㅈ
다. 처음에는 그냥 사소한 말다툼에서 시작된 싸움이었으나 시간이 지나자 목소리가 점점 커지고 몇 번 주먹이 오가ㄷ
에는 둘 다 코피를 흘리며 엉엉 울고 말았다. 이렇게 한바탕 싸운 뒤 이틀 동안은 서로 고개를 돌린 채 아무 말도 ㅎ
가 운동회가 끝나는 날 사과를 하게 되었다. 처음에는 내가 먼저 손을 내미는 것이 어색해 망설였지만 친구를 위해 ㄴ
음 양보해 보니 사과하기 전보다 마음은 훨씬 편했다. 아마 그때 아무런 잘못도 없다는 이유로 내 고집만 내세웠더ㄹ
명수는 지금도 학교 길을 오가면서 전혀 모르는 사람들처럼 고개를 싸악 돌리며 걷고 있을는지 모른다.

제12회 세계 한민족어린이 우정의 편지 보내기 현상공모
한국국어교육학회, 국민생활체육협의회 외 주최

최우수상
2003 1학년 때

호주에 살고 있는 우리 동포 어린이에게

안녕?

며칠 전까지만 해도 유리창 밖으로 살며시 고개를 내밀던 개나리꽃이 보이지 않는 것으로 보아 아카시아 하얀 꽃이 바람에 날리는 여름이 우리 앞에 한걸음 다가오고 있는 것 같아.

해마다 여름이 우리 곁에 찾아오면 온몸이 붉게 물든 고추잠자리와 귀 아프게 울어대는 매미 울음소리를 들으며 네가 살고 있는 그곳은 어떤 모습을 하고 있을까? 무척 궁금해진단다.

친구야!

나는 솔직히 네가 지금 살고 있는 그곳의 풍습도 잘 모르고 그곳 사람들은 어떤 말을 하고 있는지도 알 수 없단다. 그저 커다란 세계지도를 책상 위에 펼쳐 놓고 보면 네가 살고 있다는 그곳이 우리나라보다 훨씬 크게 보인다는 정도지만 바로 그곳에 나와 똑같은 피를 나눈 네가 살고 있다는 사실이 얼마나 소중한지 모르겠어.

친구야!

네가 언제쯤 우리나라를 떠났을까?

할아버지 아니면 아버지 아니면 더 가까울 수도 있을 거야.

하지만 바다에서 사는 연어란 물고기가 자기가 태어난 곳을 항상 그리워하듯이 너도 마음속에는 네가 태어나고 자란 조국을 항상 그리워하고 있을 거라고 믿어.

서로 얼굴도 비슷하고 사용하는 말씨도 같고 어쩌다 길에서 마주쳐도 반갑게 웃어주고 이웃끼리 맛있는 반찬을 만들어도 서로 나눠 먹는 그래서 우리는 한민족이라고 부르는 걸 거야.

친구야!

우리 민족은 어려울 때 서로 돕고 살았기에 다른 나라가 침략하면 힘을 합쳐 용감하게 무찌르고 마음씨가 너무나도 착한 나머지 다른 나라를 한 번도 침략해 보지 못한 사람들이었대.

친구야!

이제 아카시아 하얀 꽃이 지고 나면 뜨거운 여름이 서서히 밀려오고 더위에 지친 사람들이 더위를 피하느라 가까운 해수욕장과 바닷가는 수많은 사람들로 넘쳐날 거야.

친구야!

너는 지금 어떤 꿈을 꾸고 있을까? 나는 앞으로 커서 어른이 되면 멋진 검사가 되고 싶단다. 그래서 착한 사람을 괴롭히고 남의 물건을 자기 물건처럼 훔쳐간 사람들을 혼내 주고, 아무런 잘못도 없이 고생하는 사람들을 구해 주는 정의로운 일을 해 보고 싶은 것이 나의 꿈이란다.

친구야!

오늘 처음으로 너와 이야기를 나누는데도 이렇게 서먹서먹하지 않은 것은 우리는 아무래도 한 핏줄이라 그런가 봐.

그런데 어떻게 보면 세상은 좁은 것 같으면서도 참 넓은 것 같아. 아침에 일어나 뉴스를 보면 지구촌 곳곳에서 지난 밤 사이 일어난 일도 안방에 앉아 훤히 알 수 있는데, 네가 지금 살고 있는 그곳까지 직접 가려면 가장 빠르다는 비행기를 타고도 서너 시간은 날아가야 하니 말이야.

친구야!

오늘 처음으로 만나는 너와 같이 나누고 싶은 이야기는 아직도 많이 남아 있지만 이다음에 소식 전할 때까지 더욱 건강한 몸으로 열심히 공부하길 바라는 마음으로 내가 직접 쓴 동시 한편과 사진을 같이 보낸다.

너도 이 편지를 받으면 네가 사는 호주의 소식을 전해 주리라 믿으며 오늘은 이만 여기서 줄여야겠구나.

만나고 싶은 친구야! 그럼 안녕!

2003년 5월 31일

너와 친구가 되고 싶은 전대원으로부터

제55회 세계인권선언기념 글짓기 공모
국제인권옹호한국연맹 광주전남지부 주최

우수상
2003 1학년 때

내 친구 윤혁이

우리 아버지는 항상 말씀하십니다. 나 혼자보다는 나보다 어려운 사람을 먼저 생각하라고 말입니다.

하지만 나는 가끔씩 아버지 말씀을 까맣게 잊어버리고 내 황소고집을 내세울 때가 몇 번이나 있었습니다. 친구들이랑 서로 어울려 신나게 놀다가 내 생각대로 하지 않으면 기분이 좋지 않기 때문입니다.

1학년이 되어 짝꿍이 된 윤혁이는 한쪽 다리를 조금 절기 때문에 반 아이들로부터 윤혁이란 이름 대신 짤래라는 별명으로 불리고 있습니다.

그래서 심술궂은 아이들은 쉬는 시간이면 윤혁이 뒤를 강아지처럼 졸졸 따라다니며 한쪽 다리를 저는 흉내를 내며 놀려댑니다.

그때마다 윤혁이는 아무 말도 못했습니다. 아마 성질이 불같은 나 같았으면 "야, 너희들 나한테 혼 좀 나 볼래." 하고 잔뜩 화를 내면서 주먹을 휘둘렀을 텐데, 윤혁이가 그냥 웃어 버리면 내 마음이 아파오곤 했습니다.

더구나 윤혁이는 선생님이 날마다 내주시는 숙제를 제대로 해 오지 않아 선생님에게 손바닥을 몇 차례나 두들겨 맞았는지 모릅니다. 나는 그럴 때마다 이상했습니다.

선생님이 내주신 숙제를 우리 어머니처럼 집에서 검사하지도 않는지, 숙제를 제대로 해 오지 않아 매를 맞는 윤혁이는 아무래도 장난 좋아하는 친구들처럼 날마다 노느라고 숙제하는 것마저 잊어버리는 것만 같았습니다.

나는 친구들의 놀림감인 윤혁이가 옆자리에 앉아 공연히 장난을 걸어오면 웬일인지 기분이 나빴고 연필이라도 빌려 달라고 손을 내밀면 필통에 서너 자루의 연필이 있으면서도 없다고 손을 내저어 버렸습니다.

그러면 윤혁이가 연필을 안 빌려 준다고 하여 내 머리를 쥐어박을 때마다 나는 선생님한테,

"선생님, 제 짝꿍을 바꿔 주세요. 맨날 나를 괴롭혀요."

라고 말씀 드리면 우리 외할머니 같으신 선생님께서는,

"윤혁이가 대원이랑 친하고 싶어 그러는 거야."

하시며 그냥 지나쳐 버렸습니다.

그 말을 듣고 나는 은근히 화가 났습니다. 자리만 바꿔 주면 되는데 왜 자리를 다른 친구와 바꿔 주지 않는지 이상했습니다.

그러던 어느 날 친구들의 놀림감인 윤혁이가 자기 생일이라며 놀러 오라고 해서 학교 앞 문방구에서 공책과 연필을 사 가지고 윤혁이가

사는 집에 놀러가 보았습니다.

윤혁이는 학교 공부가 끝나 집에 가면 나처럼 어머니가 기다리는 게 아니라 어두컴컴한 사글세방에서 어머니가 오실 때까지 혼자서 기다려야 한다는 것을 알고 그렇잖아도 몸이 약간 불편해 친구들의 따돌림을 받는 윤혁이가 불쌍하다는 생각이 들었습니다.

그래서 그날부터 나는 절름발이 윤혁이의 친구가 되기로 마음먹었습니다. 어머니께 윤혁이의 어려운 형편을 말씀 드린 덕분에 윤혁이는 학교 공부가 끝나면 나와 같이 우리 집으로 와서 공부를 하게 되었습니다.

윤혁이는 맨 처음 받아쓰기를 하면 열 문제 중에서 세 개나 네 개밖에 맞지를 못하고 나머지는 틀려 버려 반 아이들의 웃음거리가 되곤 했습니다.

그러나 나와 같이 우리 집에 와서 공부를 같이 하면서부터는 받아쓰기 실력이 몰라보게 늘었습니다. 이제는 받아쓰기 시험을 보면 열 문제 중에서 일곱 개를 맞히는 것은 기본이고 열 문제를 모두 맞혀 백점을 맞기도 하고 숙제도 빠뜨리지 않고 해가는 바람에 손바닥을 두들겨 맞지도 않습니다.

처음에는 윤혁이를 짤래라 놀려대던 반 아이들의 짓궂은 놀림도 점점 사라지고 이제는 오히려 친구들이 윤혁이에게 장난을 걸어오는 모습을 보면 이제야 윤혁이를 나와 똑 같은 우리 반 친구로 생각하는 것 같다는 생각이 듭니다.

나는 윤혁이가 모르는 것을 물어 오면 친절하게 가르쳐 주고 연필심이 부러지면 얼른 연필을 빌려 줍니다.

그러면 윤혁이는 머리를 긁적이며 나에게 무척 고마워합니다. 학교 수업이 일찍 끝난 오늘도 나는 윤혁이와 나란히 교문을 나섰습니다. 어쩌면 나 혼자밖에 모르는 고집쟁이가 될 수 있었는데도, 몸이 불편하다고 반 아이들이 마구 놀리는 윤혁이를 다른 친구와 바꿔 주지 않고 단짝 친구로 만들어 준 우리 선생님이 고맙게 느껴졌습니다.

나는 2학기 개학식을 하느라 학교 수업이 일찍 끝난 오늘도 윤혁이

와 좀 더 친하게 지내고 싶어 어깨동무를 한 채 나란히 교문을 나섰습니다.

이제는 예전처럼 윤혁이 뒤를 졸졸 따라다니며 마치 동물원의 원숭이처럼 놀리던 친구들도 공부 잘하는 윤혁이를 부러워합니다. 하마터면 다리를 조금 절고 있다는 한 가지 이유로 인해 왕따가 되어 버릴 뻔한 윤혁이가 밝게 웃음 짓는 모습을 보면 나는 기분이 좋습니다.

제9회 서남 어린이 백일장 대회

서남방송 주최

우수상
2004 2학년 때

전학 간 친구

친구들이 돌아간
텅 빈 운동장에
가만히 그려 보는
보고 싶은 얼굴.

주근깨 가득한 얼굴에
장대 같은 키.

힘들게 당번할 때면
끝날 때까지 기다려 주고
친구랑 싸워 울고 있으면
어깨 감싸 주더니
여름방학 앞두고 떠나 간
성혁이 얼굴이

한 장의 그림 되어
눈앞에 나타난다.

발길 옮길 때마다
눈앞에 다가 왔다가
다시 사라져 가는
친구 얼굴
운동장에 그리다 보면
나도 몰래 눈물이
볼 타고 흐른다.

제3회 함께해요 이웃사랑 공모전 (글짓기부문)
이웃사랑공동모금회 주최

희망상
2005 3학년 때

이웃 사랑을 가르쳐 준 내 친구

우리 부모님은 항상 말씀하신다. 나보다는 이웃을 사랑하는 것이 나를 진짜로 사랑하는 지름길이라고 말이다. 하지만 이웃 사랑을 실천하는 데는 너무 힘이 든다.

초등학교 3학년이 되면서 기쁜 일도 있었고 슬픈 일도 있었지만, 언제나 그림자 같은 친구를 만날 수 있었던 것이 나에게는 커다란 행운인 것 같다. 내가 명수를 처음 보았을 때는 쑥스러워 고개를 그냥 돌리고 말았지만 지금은 날이 갈수록 명수와 내가 한걸음씩 가까워지고 있다는 걸 느낄 수 있다.

그래서 지금은 맛있는 음식을 보기만 해도 명수가 생각나,

"엄마 이것 명수에게 조금만 갖다 주면 안돼요?"

하고 물어 보게 된다.

그러면 어머니께서는 힘드실 텐데도 명수가 먹을 것까지 일부러 만들어 주신다.

하지만 명수와 내가 처음부터 가까웠던 것은 아니다. 운동회를 사

흘 앞두고 청백으로 나눠 실력을 겨룬 이어달리기를 연습하다가 한바탕 싸우고 난 다음 갑자기 친해진 것이다.

내가 속한 청팀이 잘못한 것이 아니었는데 우리 팀이 반칙을 했다고 명수가 자꾸 우기다 보니 생각하지도 못한 싸움이 벌어지게 되었다. 처음에는 그냥 사소한 말다툼에서 시작된 싸움이었으나 시간이 지나자 목소리가 점점 커지고 몇 번 주먹이 오가다가 결국에는 둘 다 코피를 흘리며 엉엉 울고 말았다.

이렇게 한바탕 싸운 뒤 이틀 동안은 서로 고개를 돌린 채 아무 말도 하지 않다가 운동회가 끝나는 날 사과를 하게 되었다. 처음에는 내가 먼저 손을 내미는 것이 어색해 망설였지만 친구를 위해 내가 한걸음 양보해 보니 사과하기 전보다 마음은 훨씬 편했다. 아마 그때 아무런 잘못도 없다는 이유로 내 고집만 내세웠더라면 나와 명수는 지금도 학교 길을 오가면서 전혀 모르는 사람들처럼 고개를 싸악 돌리며 걷고 있을는지 모른다.

그런데 지금은 학교 공부가 끝나면 알림장에 적어 온 숙제를 같이 하기도 하고 놀이터에 가서 팽이 시합을 하기도 한다.

내 친구 명수는 지금 부모님이 없다. 그래서 몸이 불편한 할머니와 단둘이 살고 있다. 그런 명수가 처음에는 왜 자기 집에 나를 데려가지 않는지 궁금했는데 이제는 그 마음을 알 수 있을 것 같다.

이렇게 나와 명수가 단짝이 되어 학교 가는 것을 보고 친구들은 무척이나 부러워한다. 문방구에서 과자를 사도 반으로 갈라서 나눠 먹고 나보다 키가 작아 동생 같은 명수에게 내가 입다가 작아진 옷을 물려주기도 하고 여행을 갈 때는 같이 가기도 한다. 이번 여름방학에도 나는 명수랑 천안에 있는 독립 기념관에 갔었다.

언제나 나를 보면 얼굴에 보조개를 만들며 반갑게 웃어 주는 명수는 다른 친구들이 나에게 시비를 걸어오면 어디선가 나타나 말려 주기도 하고, 다른 친구와 말다툼을 하고 있으면 은근히 다가와 내편을 들어 주는데 그 때마다 나는 기분이 좋다.

내 친구 명수는 이웃에 살지만 우리 가족과 같다. 마음 깊은 곳에 무언가 나눠 주려는 마음이 없었더라면 명수와 내가 이처럼 가까운 친구가 되기는 어려웠을 것이다. 하지만 나는 명수와의 만남을 통해 함께 나누는 기쁨이 얼마나 값지고 소중한 것인지 배울 수 있었다. 이제 초등학교 3학년인 나는 가진 것이 너무 적어 많이 나눠 주고 싶어도 나눠 줄 수 없지만 언제나 착하기만 한 명수를 위해 나는 돼지 저금통에 동전을 모으고 있다.

찬바람이 귀를 얼리고 날씨가 추워지면 장갑도 없어 두 손을 열심히 비벼댈 명수를 위해 따뜻한 오리털 잠바를 선물하고 싶어서이다. 아마 명수도 내 마음을 안다면 이번 겨울에는 내가 선물해 준 잠바를 입고 하얀 눈밭을 뛰고 달리며 멋진 눈사람을 만들 것 같은 생각이 든다.

제7회 무등예술제 (운문부문)
무등일보사 주최

은상
2005 3학년 때

친구

딱지치기할 때는
이겨 보려고
큰소리치던 까만 얼굴
이제 가까이서
볼 수가 없다.

매미 슬피 울던 여름날
물놀이 사고로
주인 잃은 실내화
신발장에 남기고
하늘나라 가버린
보고 싶은 친구.

책걸상은 아직도

빈자리인데
내 생일날 찍어 놓은
비디오 화면 속에서
아직도 개다리 춤추는
그리운 얼굴을
오늘밤 꿈속에서
꼭 다시 한 번
만나고 싶다.

제1회 목포 해양문화축제 유달산 백일장대회

한국문인협회 목포지부 주최

장려상
2006 4학년 때

일기장

하루 한 번 내가 만나는
일기장 속에는
얼굴 없는 친구가
숨어 있어요.

부끄러워 엄마한테
말할 수 없었던
여자 친구가 쪽지 준 이야기를
친구랑 말다툼하고 토라진
내 마음을
그 친구가 모두
엿들었어요.

입으로 하지 못한

미안하다는 말을
몇 번이나 나오려다만
잘못했다는 말들을
얼굴 없는 친구 혼자
모두 알아듣고서
날마다 커가는
내 마음을
거울처럼 환하게
비춰 주지요.

이다음에는 제발
잘못하지 말라고
어머니처럼 말하는
그 친구 만날 때는
가슴이 자꾸만
뜨거워져요.

하루를 돌아보며
적어 놓은 내 마음이
그 속에서 만난 친구랑
잠들어 있어요.

제5회 남북청소년교류 편지쓰기 전국대회(초등부)
남북청소년교류연맹 주최
민주평화통일자문회의, 교육인적자원부, 통일부,
정보통신부, 국가청소년위원회 후원

은상
2006 4학년 때

북한에 있는 친구들에게

북한의 친구야!

안녕?

나는 우리나라 남쪽 끝에 자리 잡은 항구 도시, 목포의 북교 초등학교 4학년에 다니는 전대원이란다.

매월 한 번씩 우리 학교에서 볼 수 있는 《어린이 세계》라는 잡지를 통해 북한에 살고 있는 너희들의 모습을 떠올려 보곤 했는데 시간이 흐를수록 남북 이산가족의 만남과 남북 경제 협력 사업을 통해 우리들이 한걸음씩 가까워지는 모습을 보면 통일이란 두 글자가 그렇게 멀리 있지는 않다는 생각이 들곤 한단다.

친구야!

이제 우리가 광복된 지 61년이 되는 걸 보면 우리는 너무 오랫동안 떨어져 있었나 봐.

그래서 세종대왕이 눈병을 앓으면서 만들어 주신 한글을 사용하면서도 사용하는 말이 조금 다르지만 우리의 몸속을 흐르는 피는 바로 하나이기에 우리는 토라졌다가도 금방 친해질 수 있는 민족인 것 같아.

남녘에서 밀려 온 봄소식이 유달산을 노랗게 물들인 오늘 이 시간, 내가 너희들과 같은 교실에서 얼굴을 마주한 채 같이 공부하고 넓은 운동장에서 공을 함께 차며 뛰놀 수는 없지만 머지않아 우리는 꼭 하나가 될 거라는 약속을 굳게 믿고 싶어.

친구야!

이 편지를 쓰고 있는 나는 한 달에 두 번씩 돌아오는 토요 휴무제로 인해 1학년 때처럼 학교에 등교하는 대신 우리 고장에 있는 유적지나 관광지를 찾아 가거나 조상들이 사용하던 물건이 전시된 박물관 견학을 통해 보람찬 토요일을 보내고 있단다.

북쪽에 살고 있는 너는 토요일을 어떻게 보내고 있니?

혹시 인터넷으로 수업을 하고 있지는 않니?

내가 다니는 북교 초등학교는 2년 전부터 이-러닝 시범학교로 지정되었단다. 그래서 인터넷으로 선생님이 학교에서 내준 과제물을 올리기도 하고 에듀넷이란 사이트를 이용해 앞으로 내가 배우게 될 과목을 미리 예습하기도 하는데 너희들은 정보의 바다라 불리는 인터넷으로 무엇을 하고 있는지 궁금하구나. 내가 볼 때 우리가 사는 세상을 가장 빠른 시간에 하나로 연결해 주는 인터넷이 마치 불가능한 것을 가능하게 만드는 마법사 같다는 생각이 들 때가 한두 번이 아니란다.

친구야!

이제 초여름의 길목인 6월이 찾아오면 개교한 지 107년이 되는 우리 학교를 졸업하신 김대중 전 대통령이 네가 사는 그곳을 방문하러 가신다는구나.

앞으로는 이렇게 높은 사람들만 북한을 오가는 것이 아니라 지금 학교에서 공부를 배우는 나도 신의주까지 힘차게 달리는 경의선 열차를 타고 지금은 꿈속에서 가보는 그곳을 직접 가고 너는 호남선 열차로 목포까지 찾아와 지금은 이름조차 모르는 너희들을 직접 만나 그동안 나누지 못한 많은 이야기를 나눌 수 있는 그날을 손꼽아 기다린단다.

친구야!

나의 장래 희망이 궁금하지 않니? 내 장래 희망은 통일 대통령이야.

지금은 남북이 갈라져 있어 이룰 수 없는 꿈처럼 보이지만 남북이 하나로 통일되면 지금의 내 꿈도 꿈이 아닌 현실에서 이룰 수 있는 그날이 어서 빨리 다가오는 그날을 일기장 속에 가만히 그려 본단다.

친구야!

지금은 우리가 멀리 떨어져 있어도 마음만큼은 항상 가까운 곳에 살았으면 좋겠다. 우리나라의 역사를 살펴보면 지난날 다른 나라의 침략 속에서도 민족이 하나 되어 나라를 지켜 온 것처럼 서로의 실력을 겨루는 스포츠 경기에서 네가 살고 있는 북한의 선수들이 승리했다는 이야기를 들으면 나도 몰래 기분이 좋아지는 것은 아직도 내 가슴 깊은 곳에 너와 똑같은 한민족의 피가 흐르고 있기 때문일 거야. 그러니 우리 마음속에 평화 통일의 나무를 심고 키워 나가면 우리가 두 손 모아 꿈꾸는 평화 통일이 꼭 이루어 질 거라 믿고 싶구나.

보고 싶은 친구야!

오늘 이 시간에도 북쪽에서 따스한 봄소식이 찾아오기를 손꼽아 기다리고 있을 너와 나누고 싶은 이야기가 아직도 많이 남아 있지만 이다음에 더 많은 이야기를 나누기로 새끼손가락 걸어 약속하면서 오늘은 아쉽지만 여기서 줄여야 할까 봐.

친구야! 그럼 통일의 기쁜 소식이 전해질 그날까지 안녕!

2006년 3월 22일

남쪽에서 너를 만나고 싶은 친구 대원이로부터

기차야 달려라

야 달려라 조금만 더 달려 나가면/ 될 것 같은데/ 그까짓 걸 못 간 채/ 멈춰 버린 열차.// 가고 싶은 사람들은/ 줄을 섰지
를 하나로 이어도/ 하나 되지 못한 안타까움이/ 동그라미 그려요.// 이제는 초고속 열차가/ 서울 부산을/ 세 시간도 안 걸
가는데/ 왜 이렇게 통일의 길은/ 멀고도 먼지/ 아직도 출발 신호 기다리며/ 슬피 울고 있어요.// 서로 얼굴 마주보고/ 환
면/ 나라 위해 목숨 바친 그분들도/ 활짝 웃어 줄 텐데…….// 서로 손 내밀어/ 붙잡아 주면/ 헤어졌던 얼굴들이/ 반
텐데…….// 아직도 멀게 느껴지는/ 통일을 부르며/ 오늘도 잠 못 이루는/ 아픔이 있어요.// 어서 빨리 저 기차가/ 힘
/ 통일의 기쁜 소식 귓가에/ 전해 주었으면.// 어서 빨리/ 저 기차가/ 빠르게 달려/ 선열들의 아픈 영혼을/ 달래 주었으

제12회 대한민국청소년 민족문화예술대전
(사)참나찾기일광청소년지도자회 주최
통일부, 국가청소년위원회 후원

최우수상
2006 4학년 때

통일부장관상

하늘

흰 구름 달리기 하는
파아란 하늘
턱 괴고 가만히
올려다 보면
꿈속에서 만나는 얼굴이
웃고 있어요.

지금은 명절에도 볼 수 없어
사진에서 만나는 얼굴이
아직도 파란 하늘 속에
살아 있다가
학교 갔다 오는 나를
쳐다보아요.

기분이 좋은 날은
파랗게 웃고
기분이 나쁜 날은
까맣게 울면서
아직 못 이룬 통일의 꿈
이루어 달라고
내 귓가에 가만히
속삭여 줘요.

아! 통일의 그날이
어서 빨리 왔으면……

지금은 하늘나라 가신
우리 할아버지
파랗게 웃는 모습을
나는 나는 날마다
보고 싶어요.

5·18 민주화운동 제23주년 기념

제14회 전국학생 글쓰기한마당 대회

광주광역시교육청, 전국교직원노동조합광주지부,
5·18 기념재단 공동 주최

우수상
2003 1학년 때

그날

휴전선 그어 놓고
서로 돌아선 채
지금은 갈 수 없는 꿈을
꾸고 있지요.

많은 시간이 흐르는 동안
눈물로 헤어진 아픔을
마음속에 간직한 채
우리는 오늘도
살고 있지요.

우리 모두 찾았던
평화란 글자는
아직도 멀리 있는데

하나 되지 못한
안타까움만
오래도록 남아 있어요.

하룻밤만 자고나면
우리 모두 꿈꾸는
평화스런 그날이
어서 빨리
다가 왔으면
내 머릿속에 그 생각이
지워지질 않아요.

제4회 도산 안창호기념관 관람 감상문 현상모집
도산 안창호 선생 기념사업회 주최

최우수상
2003 1학년 때

『도산 안창호』를 읽고

나는 날씨가 제법 무더워 보이는 오늘 도산 안창호의 전기를 읽었습니다.

안창호는 농부의 아들로 태어났지만 나처럼 어려서부터 책을 무척 좋아했나 봅니다. 다른 사람들이 안창호가 들려주는 이야기를 듣고 싶어 할 정도였으니 말입니다.

그런데 안창호는 농부의 아들로 태어난 까닭에 공부 한 가지만을 할 수가 없어 날마다 소를 몰고 다니며 먹이는 목동 노릇도 했던 것을 알고 조금은 불쌍한 생각이 들었습니다.

고모 댁에 가는 것을 그 무엇보다 좋아하였고 유난히 꽃을 좋아했던 안창호가 나라를 새롭게 만들려면 신학문을 배워야 한다는 것을 알고 피난을 나섰다가 집으로 돌아가지 않고 서울로 간 용기는 정말 대단해 보였습니다.

아는 사람도 하나 없는데 교회에 붙은 벽보를 보고 혼자서 구세학당에 찾아가 열심히 노력해서 한 달에 1원의 장학금을 받아 가며 공부

한 안창호는 내 생각에 정말 공부를 잘한 것 같았습니다.

그리하여 필대은과 함께 구세학당에서 서양식의 신학문을 배운 안창호가 고향으로 내려가 사람들이 모여 있기만 하면 연설을 하는 용기는 정말 대단해 보였습니다.

여러 사람 앞에 서서 말을 하려면 내가 웅변을 할 때처럼 떨리기도 하고 두렵기도 했을 텐데, 어쩌면 막히는 곳도 없이 자신 있게 연설을 할 수 있었는지 궁금하기도 했습니다.

나는 독립협회를 조직한 서재필에게 감명 받은 안창호가 독립협회에 들어가 그동안의 잘못된 것을 지적하였으나 이를 시기한 사람들이 황국협회를 만들자 어쩔 수없이 해산해야 했을 때 가슴이 아팠을 것 같았습니다.

하지만 이로 인해 속병을 앓으면서도 나라를 되찾을 수 있는 힘은 오직 교육뿐이라고 생각하고 정진학교를 만들어 22살이란 나이에 교장이 된 것은 놀라울 뿐이었습니다.

그리고 일본에서 하와이로 가는 배를 갈아타고 20일이나 걸려 꿈에 그리던 미국에 도착한 것을 통해 그 당시 교통이 얼마나 불편했는지 짐작할 수 있었습니다.

미국에 도착하여 아는 사람도 없던 안창호가 하우스 보이가 되어 많은 고생을 겪으면서도 배움에 대한 생각을 버리지 않고 자기보다 나이 어린 아이들과 어울려 초급 과정을 배운 것만 보아도 얼마나 배우고 싶어 했는지를 짐작할 수 있었습니다.

그리고 안창호는 말보다는 행동이 앞선 것이 내 마음에 들었습니다. 다른 사람 같았으면 빗자루를 들고 남의 집 앞을 청소할 생각은 떠올리지도 않았을 텐데. 지저분한 남의 집을 깨끗이 청소하고 꽃씨까지 뿌려 준 안창호는 가까운 이웃을 위하는 일이 곧 나라를 위하는 일이라는 것을 행동으로 가르쳐 주었습니다.

나는 중국 인삼을 사서 고려 인삼이라고 속여서 팔면 큰돈을 벌 수 있었는데도 불구하고 남을 속이는 부정한 일을 하지 않고 너무 정직하게 살아 항상 돈이 부족했던 안창호가 돈을 벌기 위해 농장에서 일을 하는 것을 보고 정직은 많은 돈보다도 훨씬 값진 거라고 생각했습니다.

나는 안창호가 우리나라에 돌아와서도 연설 여행을 계속했던 용기가 대단해 보였으며 대성학교를 세워 거짓말하지 않는 참사람이 되라고 한 가르침은 정말 감동적이었습니다. 이것은 지금 우리에게도 필요한 것 같습니다. 다른 사람에게 거짓말을 하면서 살아가기보다는 진실한 생활이 얼마나 소중한 것인지를 가르쳐 준 것이 훌륭했습니다.

참과 성실을 그 무엇보다 중요하게 생각한 안창호는 좋은 흙을 골라 도자기를 만들었고 전국에 대성학교를 세우고 싶어 했다는 것을 알았습니다.

안창호가 중국으로 가기 전 을사보호조약을 강제로 맺고 일본이 시키는 대로 할 수밖에 없었던 우리나라는 정말이지 힘이 없어 보였습니다.

그런데 황제보다 더 큰 권력을 누렸던 이토오 히로부미까지 만난 것은 대단한 일처럼 보였습니다. 그리고 이토오 히로부미를 만나 자신의 생각을 막힘없이 전달하고 같이 일하자는 제의를 한마디로 거절한 안창호의 용기가 훌륭했습니다.

한 사람의 똑똑한 사람을 가르치기보다는 여러 사람들을 일깨우기 위해 힘쓴 안창호는 우리나라를 돌아다니며 연설을 하고, 글을 써서 많은 사람들을 일깨우려 청년학우회를 만들었으나 한편에서는 안창호를 싫어하는 사람들도 있었다는 것을 알고 이 책을 읽어 가던 나는 가슴이 아팠습니다.

듣기 좋은 말보다는 행동을, 형식보다는 내용을 훨씬 중요하게 생각했던 안창호가 민족 운동을 벌이다가 또다시 중국의 청도에 어렵게 도착하여 우리와 같은 피를 나눈 동포들이 산업을 일으킬 수 있도록 서로 돕고 자라나는 아이들을 교육시켜서 지금은 빼앗긴 나라를 되찾을 준비를 해야 한다고 하였으나 그곳에 사는 우리 동포들이 안창호의 말을 들어 주지 않아 미국으로 떠날 수밖에 없었던 것이 안타까웠습니다.

하지만 미국의 샌프란시스코에서 열린 대한인 중앙 총회에서 총회장으로 당당히 뽑혀 중국에서 못 다한 우리 동포들을 위한 일들을 미국에서라도 하게 된 것이 한편으로는 다행스러웠습니다.

특히 흥사단을 만들어 실천을 강조한 안창호의 가르침이 훌륭해 보였습니다.

내가 볼 때 도산의 사랑 공부는 원수를 사랑하라는 성경 말씀과도 비슷했습니다.

나는 안창호가 윤봉길 의사의 의거로 인해 대전 형무소에 갇혀 수공예품을 만들면서 감옥 생활을 했다는 것을 알고 나라 잃은 슬픔이 얼마나 컸을까 짐작해 볼 수 있었습니다.

더구나 송태 산장에 있는 도산이 다시 붙잡혀 서대문 형무소에 갇혀 있다가 병원으로 옮겨져 숨을 거두었을 때는 이 책을 읽어 가던 내 눈가에도 어느새 이슬이 맺히고 말았습니다.

나는 오늘 안창호의 전기를 읽고 그처럼 연설을 많이 하면서 민중을 일깨우려 한 민족의 스승이 초라하게 감옥 생활을 하다가 죽은 것이 한없이 안타까웠습니다.

나도 이제는 안창호 선생님의 큰 뜻을 이어 받아 언제 어디서나 주인 정신을 갖고 내 할일은 내 스스로 찾아 할 줄 아는 슬기로운 어린이가 되어 안창호 선생님을 다시 한 번 만나고 싶었습니다.

제9회 학생 통일 글짓기 대회 (전라남도 운문부문)
통일부 주최

우수상
2004 2학년 때

우리 모두 하나가 되어

서로 모르는 사람들처럼
고개 돌리지 말아요.

세계 지도를 펼쳐 보면
그리 크지도 않은 땅덩어리
휴전선 가로 놓여
마음대로 오갈 수 없어도
우리는 예로부터
하나였대요.

파란 꿈 키워가는
뜨거운 가슴마다
살며시 떠오르는
간절한 소망은

눈감아도 잊을 수 없는
통일이에요.

남북이 하나 되어
환하게 웃으며
어려울 때 서로 돕고
떨리는 손 마주 잡아
위로해 주면
내가 사는 세상은
행복한 웃음소리
가득 찰 거예요.

평화와 번영을
두 손에 나눠 들고
우리 모두 힘을 모으면
그동안 쌓인 아픔이
모두 모두 사라지고
지금보다 잘사는
통일 한국이 될 것 같아요.

6 · 15 남북공동선언 제4주년 기념

남북화해 · 평화통일을 위한 전국백일장대회

(시부문)

한국자유총연맹 전남목포시 지부 주최

최우수상
2004 2학년 때

기차야 달려라

조금만 더 달려 나가면
될 것 같은데
그까짓 걸 못 간 채
멈춰 버린 열차.

가고 싶은 사람들은
줄을 섰지만
철로를 하나로 이어도
하나 되지 못한 안타까움이
동그라미 그려요.

이제는 초고속 열차가
서울 부산을
세 시간도 안 걸려

달려가는데
왜 이렇게 통일의 길은
멀고도 먼지
아직도 출발 신호 기다리며
슬피 울고 있어요.

서로 얼굴 마주보고
환하게 웃으면
나라 위해 목숨 바친 그분들도
활짝 웃어 줄 텐데…….

서로 손 내밀어
붙잡아 주면
헤어졌던 얼굴들이
반가워 할 텐데…….

아직도 멀게 느껴지는
통일을 부르며
오늘도 잠 못 이루는
아픔이 있어요.

어서 빨리 저 기차가
힘차게 달려
통일의 기쁜 소식 귓가에
전해 주었으면.

어서 빨리
저 기차가
빠르게 달려
선열들의 아픈 영혼을
달래 주었으면.

제2회 박사 왕인 추모 사이버 학생백일장
영암군청 주최

우수상
2005 3학년 때

한류의 시조 왕인 박사를 생각하며

우리나라 사람들은 잘생긴 외모 때문에 인기가 많은 것 같다.

우리와 가까운 일본은 물론 중국을 비롯한 동남아에서도 노래를 부르는 우리나라의 가수나 연기를 잘하는 탤런트들이 이웃나라에 나가 그 이름을 널리 알리는 모습을 보고 소식을 들을 때면 가슴 한구석이 뿌듯해지곤 한다.

지금 초등학생인 내가 생각할 때 다른 나라 사람들보다 무엇인가 한걸음 앞서 나간다는 것은 좋은 일임에 틀림이 없다.

그런 점에서 서로 얼굴 모양이 다르고 사용하는 말이 다른 이웃나라에 우리나라의 이름을 알리고 우리 민족의 우수성을 그대로 전해 주는 한류라는 것은 외화를 벌어들이는 데도 많은 도움을 주고 있지만 다른 나라에 우리의 전통 문화를 전해 주고 우리나라를 알린다는 데 더 큰 뜻이 숨겨져 있는 것 같다.

하지만 그런 한류를 가만히 눈감고 생각해 보면 먼 옛날 삼국 시대에 우수했던 백제의 문화를 일본에 전해 준 왕인 박사에 이르게 된다는 놀라운 사실을 깨닫게 된다.

지금처럼 하늘을 빠르게 날아가는 비행기도 없던 그 옛날 기계의 힘도 아니고 사람들과 자연의 힘이라 할 수 있는 바람에 몸을 맡기고 이웃나라 일본으로 가는 길은 세상에 하나뿐인 목숨을 건 모험의 길이었을 것이다.

하지만 자꾸 다가오는 거친 파도를 헤치고 섬나라 일본에 우리 문화를 전하겠다는 생각 하나로 상대포에서 배를 타고 갔다가 일본에 도착해 태자의 스승이 된 왕인 박사는 바로 앞서는 백제 문화를 자기들에게 전해 주는 하느님과도 같았을 것 같다.

그때 당시 무엇을 배워야 하는지도 잘 모르고 무엇을 어떻게 만들어야 좋은지를 모르는 일본 사람들에게 천자문과 논어 같은 학문을 가르치고 멋진 도자기를 만드는 방법을 전해 준 왕인은 지금 일본에서 최고의 인기를 누리고 있다는 보아 누나나 '겨울연가'에 나오는 배용준 형보다 훨씬 뛰어난 사람이었을 테니 말이다.

하지만 지금에 와서는 우수한 백제 문화를 자기들에게 전해 준 우리 조상들에 대한 은혜나 고마움도 모르고 예로부터 우리 땅이었던 독도를 자기 땅이라고 일본 사람들이 자꾸만 억지를 부리는 걸 보면 얄미운 생각이 든다.

하지만 예로부터 서로 많은 것을 주고받은 일본과 우리가 서로 손을 마주 잡고 여러 분야에 걸쳐 도와 나가면서 서로의 우정을 아름답게 엮어 나갔으면 좋겠다.

높은 학문을 쌓은 왕인 박사가 오우진 천황의 태자를 가르쳐 일본의 자랑이라 할 수 있는 아스카 문화의 기초를 마련한 것도 바로 왕인 박사의 훌륭한 가르침 덕분이라는 사실을 꿈속에서라도 절대 잊으면 안 되겠다.

그러므로 자랑스런 조상의 후손인 우리들은 우리 민족 문화의 긍지와 자부심을 심어 준 조상을 생각하며 이웃나라 일본의 잘못된 역사 교과서를 바로잡아 나가는 데 작은 힘이라도 보태 나가야겠다.

그리고 훌륭한 문학 작품이나 영화나 노래와 같은 문화 예술 분야에 걸쳐 우리 민족의 우수성을 널리 알려 지금 일본에 뿌리내린 한류가 시들지 않고 앞으로도 아름다운 꽃처럼 계속 피어나 일본 속에 뿌리 깊이 스며 있는 왕인 박사의 정신을 키워 나가는 것이 바로 한류의 시조인 왕인의 자손으로서 우리들이 해야 될 숙제라는 생각을 떠올려 본다.

제9회 전국 청소년 충효실천대회

(충효글짓기부문 초등부)

대한청소년충효단연맹 주최

국가청소년위원회, 한국청소년단체협의회 후원

대상
2006 4학년 때

내가 실천한 나라 사랑

우리에게 있어 나라는 무척 소중하다

이번 봄방학 동안 우리의 눈과 귀를 하나로 쏠리게 만든 동계 올림픽에서 우리나라 선수들이 감격스런 역전극을 연출하며 다른 나라 선수들을 따돌리고 금메달을 따내는 자랑스런 모습을 지켜보면서 생각한 것이 바로 날마다 발전해 나가는 우리나라였고, 낯선 나라 하늘에서 울려 퍼지는 애국가와 제일 높이 올라가는 태극기를 중계방송을 통해 보고 들으며 가슴 한구석이 찡해 오는 걸 느낄 수 있었다.

이런 것 한 가지만 살펴보아도 우리에게 언제나 소중한 조국이 있다는 것은 얼마나 행복한 일인지 모르겠다.

사람이 세상에 태어나면 그림자 같은 부모님이 있듯이 우리가 태어나면서 한 나라의 국민이 된 것은 어쩌면 당연한 일인지 모른다.

그러므로 우리는 무슨 일을 하든지 나라를 떠나서는 생각할 수 없기 때문에 나의 작은 행동 하나 하나가 우리나라에 어떤 도움을 주는지를 먼저 생각하고 나의 영광이 곧 우리나라의 영광이 된다는 사실을 절대 잊지 말고 나라의 이름을 명예롭게 하는 일에 앞장서 나가야겠다.

나는 아직은 나이가 어려서 운동선수들처럼 외국에까지 나가 나라를 빛내는 큰일을 할 수는 없지만 내가 지금 살고 있는 가까운 곳에서부터 나라를 사랑하는 길을 하나라도 찾아 직접 실천해 보기로 마음먹었다.

그래서 제일 먼저 생각한 것이 태극기를 사랑하고 아끼는 것이었다. 나라에 경사스러운 일이 있었던 국경일이 돌아오면 대문 앞에 다는 것이 태극기이지만 나는 비가 내리는 날 국기 게양대에 걸린 채 비를 맞고 있는 태극기를 보면 어쩐지 내가 비를 맞고 있는 것만 같은 생각이 자꾸 들었고 우리의 얼굴인 태극기가 까만 얼룩이 지고 구겨져 있으면 기분이 좋지 않았던 일이 떠올랐다.

그래서 나는 우리 집에서부터 태극기를 사랑하기로 마음먹었다. 부끄러운 이야기이지만 우리 집에는 아직까지 국기 보관함이 따로 없었다.

국경일에 태극기를 달고 나면 반듯이 접어 책상 서랍 속에 넣어 보관하는 것을 당연한 것으로 알고 있던 나는 네모난 와이셔츠 상자로 국기함을 만들기로 마음먹었다. 지난번 미술 숙제를 하고 남은 색지를 찾아내 색종이와 함께 오려 붙이고 매직으로 글씨를 예쁘게 써 놓으니 어느새 그럴듯한 모습을 한 국기함 하나가 만들어졌다.

그리고 책상 서랍을 열고 접어둔 태극기를 꺼내 다리미로 정성껏

다렸다.

그러자 그걸 보신 어머니께서는,

"오늘은 대원이가 웬일이니?"

하고 말씀하시며 깜짝 놀라셨지만 나는 약간 주름진 태극기를 다리면서 마치 할머니 얼굴에 생기는 주름살처럼 구겨진 태극기가 반듯이 펴지는 것이 신기하면서도 재미가 있어 콧노래가 절로 나왔다.

내가 태극기를 다리는 걸 본 어머니의 칭찬을 듣고 나자 내 마음속 깊은 곳에 숨어 있는 용기가 샘물처럼 솟아나는 것 같았다. 얼마 전에 삼일절이 찾아 와 아버지가 태극기를 다시는 것을 옆에서 지켜보았지만 앞으로 다가올 현충일에는 내 손으로 우리나라의 얼굴인 태극기를 달고 싶었다.

아마 말 못하는 태극기가 이런 내 마음을 알아준다면 다가오는 현충일에는 나라를 위해 숨져 간 어른들의 명복을 빌어 주는 파아란 6월의 하늘 아래서 손을 힘껏 흔들며 나라 사랑이 멀리 있는 것이 아니라 내 주변 가까운 곳에 있다는 사실을 알게 된 나에게 고맙다는 인사를 전해 줄 것만 같았다.

5·18 민주항쟁 제26주년 기념

제17회 전국 학생 글쓰기 한마당 (초등부)

전국교직원노동조합 광주광역시지부 주최

우수상

2006 4학년 때

5월이 찾아오면

올해도 어김없이
철쭉꽃 향기 따라
5월이 왔습니다.

길가에 돋아난 새싹은
파랗게 빛나고
까만 제비는 또다시
둥지 찾아 날아 왔는데
기다려도 오지 않는
얼굴이 있어
윗목에 걸린 사진 볼 때마다
마음이 아파 옵니다.

민주화 운동이 한창이던

광주의 5월에
할머니 가슴 한쪽에
슬픔 남기고 떠난
할아버지는
할머니의 애타는 기다림
까맣게 잊은 채
대문 열어 놓아도
돌아오실 줄 모릅니다.

내가 태어난 걸 알면
제일 기뻐해 주었을 거라는
할아버지 보고 싶어
망월동에 가면
민주화 외치다 숨져 간
사람들이 생각나
뜨거운 눈물이
앞을 가립니다.

할아버지는 이제
민주 열사가 되었지만
아직도 우리는

남북으로 갈린 채
내밀어도 뿌리치는
손 때문에
미워하는 마음이
생기고 말았습니다.

하나로 이어진 철길 따라
통일 기차가 힘차게 달리는
그날을 그리며
돌아가신 할아버지
나라 사랑의 마음을 이어 받아
북한 친구 돕는 데
앞장서 나간다면
하늘에 계신 할아버지도
힘찬 박수를 보내 줄 것 같아
숨 한번 크게 쉬고
구름 한 점 없는 5월의 하늘을
올려다봅니다.

제9회 백범 겨레사랑 백일장
광주전남 백범 선생 기념사업협회 주최

최우수상
2006 4학년 때

통일

꿈속에서도 듣고 싶은
통일이란 그 말이
밤하늘 반짝이는 별처럼
멀리 있지 않아요.

친구와 멱살 잡고 싸워도
잘못했다 먼저 말하면
예전보다 훨씬 친한
친구 되듯이
둘로 갈라진 마음이
둘로 갈라진 땅이
하나가 될 때
그것이 겨레의 소원
통일이래요.

전쟁 일으켜 서로 미워한
슬픈 기억은
통일 지우개로 깨끗이
지워 버리고
우리 모두 하나 되는 나라
만들었으면 좋겠어요.

가고 싶어도 갈 수 없는
안타까움으로
풍선 날려 보내며
눈물 흘리는 대신
끊어졌던 철로 따라
얼어붙은 마음 사르르 녹아
신의주도 평양도
초고속 열차 타고
현장 학습 가는
그 생각만 하면
내 작은 가슴이 자꾸만
두근거려요.

동화세상 5주년 기념 예쁜 글쓰기 대회
동화세상 주최

으뜸상
2006 4학년 때

『김구』를 읽고

나는 오늘 동아출판사에서 나온 동아 위인전기 전집 속에서 항일 독립운동의 선봉장으로 알려진 김구 선생님의 전기를 읽어 보았다.

어려서 천한 신분으로 태어났으나 여러 가지 어려움을 참고 견디면서도 꿋꿋하게 독립 운동을 계속하신 김구 선생님의 안경 쓴 얼굴을 떠올리며 나도 우리나라를 내 몸처럼 사랑할 줄 아는 어린이가 되고 싶은 마음이 들었다.

나는 할아버지인 김자점이 역적으로 몰리는 바람에 집안이 망하는 것을 어떻게든지 피하기 위해 어쩔 수 없이 상놈으로 신분을 속인 채 살아갈 수밖에 없었던 것은 커다란 슬픔 같아 보였다. 하지만 헌 숟가락을 가지고 가야만 엿을 주는 줄 알고 말짱한 숟가락을 반 토막으로 부러뜨려 엿을 사 먹었던 김구 선생님은 내가 볼 때 정말 개구쟁이 같아 보였고 비가 많이 와서 작은 시내를 이루자 집에 있는 물감통을 가져와 붉은 시내와 푸른 시내를 만들며 놀았다가 어머니께 매를 맞는 김구 선생님이 안쓰러워 보이기도 했다.

나는 김구가 점점 커 가면서 왜 상놈이 되었는지 생각하다가 과거에 급제하여 꼭 양반이 되겠다고 결심할 때에는 김구 선생님의 간절한 소원처럼 글공부를 열심히 하여 과거 시험에 합격할 수 있기를 두 손 모아 빌어주고 싶었다.

그러나 아버지가 갑자기 반신불수가 되는 바람에 공부를 그만 두었다가 다시 글공부를 시작한 지 얼마 되지 않아 과거 시험을 보러 갔으나 글 잘 쓰는 선비보다는 살그머니 갖다 주는 뇌물이나 권세가의 편지 한 장이 잘 쓴 글보다 훨씬 큰 힘을 발휘한다는 것을 알고 미련 없이 과거를 포기하고 돌아와 동학에 들어간 것이 이 책을 읽어가던 나로서는 아쉬웠다.

나는 이 책을 읽으며 정말 이상한 생각이 들었다. 그 사람이 가지고 있는 실력대로 사람을 뽑아 쓰지 않고 뇌물이나 바치는 사람을 합격시켜 준다면 그 사람은 나쁜 짓을 해서라도 더 많은 돈을 모아 더 높은 벼슬자리에 오르려고 욕심을 부릴 테니 말이다.

그래서 동학 혁명의 선봉장이 되어 순박한 백성들에게 행패를 부리는 사람을 벌주고 흐트러진 질서를 되찾게 하고 이종선이 자신을 대신하여 총에 맞아 죽자 어머니께서 손수 지어 보내 주신 명주 저고리를 벗어 입혀 준 김구 선생님은 아랫사람을 자신의 몸처럼 아껴 주는 훌륭한 분이란 걸 알 수 있었다.

나는 치하포 나루에서 일본 군도를 찬 수상한 사람을 발견하고 그를 죽여 국모의 원수를 갚으려 한 용기가 놀라웠다. 아마 김구 선생님처럼 용기가 없었더라면 그런 엄청난 일은 꿈도 못 꾸었을 텐데, 그 일로 인해 어머니께서 같이 물에 빠져 죽자고 하여도 죽지 않고 인천 감옥에 들어와 간수의 등에 업혀 경무청으로 들어가는 김구 선생님을 다른 죄수와 달리 가둔 것은 그만큼 의로운 김구 선생님의 용기 때문인 것 같았으며 감옥에서도 큰 소리를 치면서 오히려 갇혀 있는 죄수들에게 글을 가르친 것이 훌륭해 보였다.

하지만 아들을 면회하면서 감옥에 갇힌 아들이 경기 감사를 한 것보다 기쁘게 생각하신 어머니가 자기 먹으라고 하루에 두 번 넣어 준 밥을 한 번만 먹고 한 번은 다른 죄수들에게 나눠 준 마음씨가 아름다워 보였다.

나는 탈옥에 성공한 김구 선생님이 중국으로 떠나는 것을 보고 앞으로 중국에서는 어떤 일이 벌어질까? 궁금하여 잠시도 이 책에서 눈을 뗄 수가 없었다.

그러나 중국에 도착하여 임시정부에 들어가 경무국장을 하고 내무총장을 하다가 드디어 국무령이 되는데 임시정부는 집세가 밀려 집주인에게 소송을 당하고 거지처럼 이집 저집으로 돌아다니며 밥을 얻어 먹으면서 천여 명에 이르던 독립 운동가가 겨우 수십 명으로 줄어든 것은 돈이 없어 먹고 살기가 힘들어진 때문이었다는 것을 알고 서글픈 생각이 들었다.

이봉창 의사가 일본 천황을 없애기 위해 1년에 걸쳐 돈을 마련하자 천 원이나 되는 큰돈을 이봉창 의사에게 아무런 의심도 없이 건네

준 김구 선생님은 사람을 제대로 볼 줄 아는 분 같았다. 나는 오늘 백범 일지를 읽으며 무려 7년이란 긴 세월을 중경에서 어렵게 생활한 김구 선생님이 훌륭해 보였으며 우리나라의 자주 독립을 그 무엇보다 바라던 김구 선생님의 소원처럼 자주 독립이 되어서도 남북이 서로 갈라진 것이 마냥 아쉬웠다.

이 책을 읽고 있는 지금도 가장 존경할 만한 사람을 택하여 마음의 스승으로 섬기라고 부탁하신 김구 선생님의 목소리가 내 귓가에 들려올 것만 같다.

나도 이제는 김구 선생님을 본받아 더욱 열심히 노력하는 사람이 되어야겠다. 그래서 김구 선생님을 다시 만나게 되는 날, 꽃보다 환하게 웃을 수 있도록 나에게 주어진 일에 최선을 다하는 슬기로운 어린이가 될 것을 다짐하면서 김구 선생님과 아쉬운 작별 인사를 나누었다.

제6회 독도환경보존 및 독도주권수호
전국 글짓기공모전 (초등부)
한국문화예술진흥회 주최
교육인적자원부, 경상북도, 경상북도교육청 후원

최우수상
2006 4학년 때

우리 땅 독도

독도는 우리 땅인데
참 이상하다.

왜 일본 사람들은
자기네 배를 보내
남의 땅을 제멋대로
조사하려고 하는지
자꾸 생각해도
고개가 쉽사리
끄덕여지지 않는다.

옛날에는 힘이 없어
나라를 빼앗겼지만
지금도 옛날로

착각하고 사는
이웃나라 일본을
이해할 수가 없다.

그렇게 먼 곳도 아닌
우리 땅 독도
동해 바다 가운데
홀로 있어도
우리 해경 아저씨들이 지키는
바로 그 곳을
다케시마로 이름을 바꿔
자기 땅이라 우겨대는
그 검은 마음을 알 수가 없다.

독도 우표 만들고
다케시마의 날을 만들어
남의 땅을 자기 땅이라
억지 부리는
그런 사람들이 없는
세상이라면
나는 정말 좋겠다.

광주학생독립운동 제77주년 기념

제7회 광주전남 초중학생 논술글짓기 공모대회

광주학생독립운동기념사업회 주최

동상
2006 4학년 때

독립 운동의 불꽃이 된 광주 학생 독립운동

안녕하세요? 먼저 여러분의 뜻 깊은 가족 여행지로 빛 고을로 알려진 우리 고장 광주를 이렇게 찾아 주셔서 정말 고맙습니다.

예향의 고장으로 불리는 광주에는 무등산을 비롯한 여러 가지 구경거리가 많지만 오늘 이렇게 광주로 가족 여행을 온 여러분의 안내를 맡게 된 저는 전남 목포 북교 초등학교 4학년에 다니는 전대원이라고 합니다.

여러분도 이곳 광주로 가족 여행을 오시기 전에 지도를 보셨으면 아시겠지만 여러분이 살고 있는 일본과 우리나라는 아주 가까운 이웃나라입니다. 그러나 지금으로부터 70년 전에는 우리보다 힘이 센 여러분의 나라 일본이 우리나라를 지배했으니 우리는 그만큼 힘이 약할 수밖에 없었습니다. 그래서 예로부터 평화를 사랑하고 흰색을 좋아한 우리 민족은 조국이 해방될 그날만을 손꼽아 기다리며 열심히 배우고 익혀 잃어버린 나라를 되찾고 싶어 했습니다.

일제시대에 이곳 광주는 교통의 요지이자 기름진 논과 밭에서 농산물이 많이 생산되어 일본인들이 많이 살고 있었고 일본인의 잘못된 행동을 직접 보며 자란 우리 학생과 일본 학생이 같은 열차를 타고 통학을 하게 되자 여러 가지 일들이 일어 날 수밖에 없었습니다.

그래서 오늘 여러분이 궁금해 하시는 광주 학생 독립 운동의 시작도 알고 보면 아주 작은 사건에서 시작되었습니다. 그때 당시 일본 학생들은 우리 학생들에 비해 우월하다는 잘못된 생각을 갖고 있었기 때문에 나라를 빼앗긴 조선의 여학생을 괴롭히는 것을 그냥 장난삼아 해 보았을지 모릅니다. 더구나 일본 학생들의 잘못을 따지는 조선 학생을 오히려 놀려대자 그렇잖아도 힘이 없어 나라를 빼앗긴 채 큰 소리 한번 못 치며 살아야 했던 우리 여학생을 괴롭히는 일본 학생들을 본 정의로운 광주 학생들의 가슴속에는 그동안 마음속 깊은 곳에 숨어 있던 빼앗긴 나라를 우리 힘으로 되찾아야 한다는 독립 운동의 불꽃이 횃불처럼 활활 타오른 것입니다.

손에는 책가방 대신 우리 민족이 하나 되는 태극기를 들고 일본의 식민 지배에 반대하는 목소리가 무등산을 뒤덮었을 그날을 아직도 기억하는 어른들이 많지만 광주 학생 운동을 한마디로 말하면 한일 학생들의 말싸움이 아니라 빼앗긴 나라를 평화적인 방법으로 되찾으려는 민족 운동입니다. 비록 일본이 우리나라와 민족을 억지로 지배하고 있어도, 밟아도 또다시 돋아나는 민들레처럼 우리 민족이 죽지 않고 꿋꿋하게 살아 있다는 것을 일본의 총칼 앞에서 목숨을 걸고 보여 주었기 때문입니다.

지금 여러분이 발 딛고 있는 이곳에는 그분들의 큰 뜻과 넋을 달래기 위해 비석이 세워져 있습니다. 광주 학생 독립 운동을 시작으로 하여 전국 방방곡곡에서 나라를 되찾으려는 독립 운동이 불길처럼 일어난 것은 정말 뜻 깊은 일로 의로운 일에 가장 먼저 앞장선 광주 학생의 얼을 이어 받을 수 있도록 그 날이 학생의 날로 불리고 있습니다. 이러한 의로운 정신이 가슴속에 있었기에 80년 5월에는 독재에 맞서는 광주 민주화 운동을 통해 민주화를 앞당길 수 있었습니다. 광주의 자랑스런 학생들에게 커다란 박수를 보내 주셨으면 좋겠습니다.

광주가 하나가 되고 우리 민족이 하나가 된 광주 학생 독립 운동은 학생들 스스로 독립 운동을 했다는 점에서 광주의 자랑입니다. 총이나 칼을 앞세운 무력보다는 태극기를 손에 들고 만세를 부르는 평화적인 방법을 이용해 빼앗긴 조국의 독립을 바라는 우리 민족의 소망을 전국에 널리 알린 광주 학생 독립 운동은 지금도 꺼지지 않는 정의의 불꽃이 되어 우리들 가슴속에 타오르고 있습니다.

끝으로 여러분의 가족여행이 우리 고장 광주와 광주 학생 독립 운동의 정신을 배워가는 소중한 시간이 되셨기를 바랍니다. 그리고 빛고을 광주를 찾아 주신 일본의 친구와 가족 여러분께 감사의 인사를 드리며 이것으로 올해부터 학생 독립 운동 기념일로 지정된 광주 학생 독립 운동에 대한 안내를 마치도록 하겠습니다. 감사합니다.

비닐봉지와 시장바구니

내가 보기에도 우리나라 사람들은 비닐 봉투를 너무나 좋아하는 것 같다. 슈퍼에서 사탕 한 봉지만 사도 비닐봉지에 다
시장에서 과일이나 생선을 사도 미리 약속이나 한 듯 비닐봉지에 담아 주기 때문이다. 그래서 엄마를 따라 시장을 가
서는 아무것도 안 가져 왔는데 손에 든 비닐봉지가 여러 개로 늘어나 버리곤 한다. 그런데 정말 이 책에 나오는 새움
럼 우리 모두 시장바구니를 들고 다닌다면 그런 비닐봉지 숫자는 지금보다 훨씬 줄어들 것 같은 생각이 들었다.

자연보호헌장 선포 제26주년 맞이

제22회 자연보호활동 수기공모 (초등부)

자연보호중앙협의회 주최

최우수상
2004 2학년 때

환경부장관상

내가 실천한 자연보호

이번 여름은 유난히 날씨가 더운 것 같다. 집에 있어도 땀이 줄줄 흐르고 밖에 나가면 기운이 하나도 없어지는 날이 계속되었다.

그래서 우리 집 식구들도 이렇게 고약한 무더위를 피해 어디로 갈까? 망설이다가 우리 고장과 가까운 해남 송호리 해수욕장에 가기로 결정하였다.

해수욕장에 가기 전날에는 내일이면 해수욕장에 간다는 기대로 눈을 감아도 잠이 오지 않았다.

드디어 아침이 되어 내가 탄 차가 달릴 때에는 에어컨에서 찬바람이 나왔지만 차에서 내리면 얼마나 더운지 땀이 저절로 목 아래까지 흘러내렸다.

우리가 목적지인 해수욕장에 도착했을 때 해수욕장에는 우리보다 먼저 온 사람들로 넘치고 있었다.

나와 동생은 아버지가 모래밭에 텐트를 치고 있을 때 수영복을 갈아입고 튜브를 들고 바다를 향해 뛰어 갔다.

그런데 내 뒤를 따라 달려오던 동생이 갑자기 비명을 질러 깜짝 놀랐다. 왜 모래밭을 걷다가 비명을 지르는지 알 수가 없었다. 걱정이 된 내가 동생 옆에 갔을 때 동생이 밟고선 모래가 빨갛게 물들어 가고 있었다. 모래사장에 유리 조각이 흩어져 있어 거기에 발을 찔린 것이었다. 피가 멈추지 않고 흐르자 겁이 난 동생이 더 큰 소리로 울었다.

나는 동생이랑 바닷물 속에 들어가 비치볼과 튜브를 가지고 재미있게 놀고 싶었는데 동생이 한쪽 발로 엉거주춤 걸어 다니는 게 몹시 안 돼 보였다.

그런데 내가 들어간 바다는 말 그대로 쓰레기장 같았다. 요구르트병이 둥둥 떠다니고 사람들이 먹다 버린 수박조각이 사람 대신 해수욕을 하고 있었다.

그래서 바다 속에 들어가 해수욕을 하는 대신 모래밭에서 놀았다.

아버지가 "대원아! 바다에 왔으면 바다에서 놀아야지."

하고 말씀 하셔서,

"바다가 너무 더러워서 놀기 싫어요."

라고 말씀 드렸다.

그랬더니 아버지도 쓰레기를 함부로 버려 지저분해 보이는 주위를 한번 둘러보시고는 고개를 끄덕이셨다.

몇몇 사람들은 자기가 만든 쓰레기를 쓰레기봉투에 넣고 있었지만 그렇지 않은 사람들은 누가 보든지 말든지 마구 쓰레기를 버리는 것을 볼 수 있었다.

나는 날씨가 너무 더워 물장구를 치며 놀다 보니 물이 빠져 나간 모래밭에 쓰레기와 고둥이 보였다.

쓰레기가 떠다니는 해수욕장에서 하루를 보낸 우리 집 식구들은 집에 갈 준비를 하였다.

나는 우리 쓰레기만 치우면 되는 줄 알았는데 아버지께서는 쓰레기 봉투를 사 오셔서 우리가 놀던 자리를 제일 먼저 치우고 해수욕장을 한 바퀴 돌며 쓰레기를 주워 모았다. 누군가가 바위 옆에 숨겨 놓은 쓰레기도 줍고 모래밭에 밀려온 쓰레기를 동생은 절름거리며 주웠다.

나는 쓰레기를 봉투에 넣으면서 자연보호란 네 글자도 모르는 사람들이 정말 미웠다. 오직 자기들만 재미있게 놀고 가면 그뿐이라는 잘못된 생각이 우리 바다를 더럽히는 것 같았기 때문이다.

처음에는 우리 집 식구들이 쓰레기를 줍는 것을 멀리서 힐끗 힐끗 구경하던 다른 사람들도 자기 주변을 스스로 치우는 걸 보니 웃음이 나왔다.

쓰레기를 줍느라 힘은 들었지만 치우고 나니 깨끗한 것이 바다가 하얀 거품을 입에 물고 고맙다고 말하는 것 같아 좋았다.

내가 내년에 또다시 송호리 해수욕장을 찾는다면 지금보다 더 깨끗한 해수욕장이 되어 개구쟁이 내동생과 나를 그 파란 가슴으로 반겨 주었으면 좋겠다는 생각이 들었다.

제11회 전국 초등학생 환경 · 과학 독후감 공모대회 (개인부문)

(사)한국환경교육협회 주최

환경부, 과학기술부, 문화관광부, 중앙일보, EBS 후원

우수상
2003 1학년 때

『통통이와 꼬마 요정』 중에서 아기 거북이의 눈물 을 읽고

나는 지루한 장맛비가 그칠 줄 모르고 내리는 오늘 『통통이와 꼬마 요정』이란 책을 읽어 보았는데 이 책속에 나와 있는 여러 이야기 중에서도 「아기 거북이의 눈물」이란 이야기가 제일 슬펐습니다.

나도 여름방학이 되면 시원한 계곡을 찾아갈 텐데 부모님과 함께 더위를 식히려고 강가를 찾아 간 수빈이가 신나게 놀고 있을 때 바로 그 강물 속에 배고픈 거북이 가족이 살고 있다는 사실이 안타까웠습니다.

나는 사람들로 인해 강물이 오염되어 아무것도 먹지 못한 아기 거북이가 먹을 것을 찾아 집을 나간다는 사실이 조금은 슬퍼 보였습니다. 배가 고파도 집이 좋을 텐데, 배고픈 것 하나 참지 못하고 집을 나간다면 집 나갈 아이들이 얼마나 많을는지 모르겠습니다.

그러나 물놀이 하던 수빈네 식구들에게 발견된 아기 거북이는 비록 먹을 것은 배불리 먹을 수 있었지만 조그만 어항 속에 갇혀 있으면서도 헤어진 부모님이 사는 강물 속이 무척 그리웠을 것 같았습니다.

아기 거북이가 먹이도 제대로 먹지 않자 거북이 같은 물고기는 강물에서 자유롭게 살 수 있도록 도와주는 것이 자연보호란 것을 알고 아기 거북이를 강으로 보내 줄 때 이 책을 읽어가던 나는 수빈이에게 힘찬 박수를 보내 주고 싶었습니다.

이렇게 되어 자기가 살았던 강으로 다시 되돌아 간 아기 거북이는 제일 먼저 엄마 아빠 거북을 찾아보았으나 자기가 떠난 얼마 뒤에 모두 돌아가셨다는 슬픈 이야기를 듣게 됩니다.

이 소식을 들은 아기 거북이는 얼마나 슬펐을까요? 배고픈 것을 조금만 참았더라면 아기 거북이와 다시 만나 행복하게 살았을 텐데, 비닐을 해파리 줄 알고 잘못 먹어 죽게 된 것이 바로 나와 같은 사람들의 잘못 때문인 것 같아 나는 아기 거북이에게 얼마나 미안했는지 모릅니다.

나는 오늘 이 책을 읽고 비닐조각 같은 쓰레기를 강물 속에 마구 버리는 사람들이 얄미웠으며 깨끗한 강물을 오염시킨 사람들로 인해 엄마 아빠 거북이가 죽은 것이 안타까웠습니다.

그리고 수빈이를 다시 만난 아기 거북이 강물을 깨끗하게 해 주라는 부탁을 해올 때 그것은 바로 우리의 강과 바다가 우리에게 꼭 들려주고 싶은 말일 것 같았습니다.

이 책을 다 읽고 난 나는 이제부터라도 우리 강을 소중히 아껴 나가는 착한 어린이가 되어야겠다는 생각이 들었습니다.

사소한 비닐봉지 하나가 어린 물고기를 죽게 하고 조그만 깡통 하

나가 물속에 가라앉아 바다를 오염시킨다는 사실을 알고 아무리 작은 것이라도 함부로 버리지 않을 때 부모를 잃어버린 아기 거북이도 환하게 웃어 줄 것이라고 생각하면서 부모님과 여름 피서를 떠나기 전에 아기 거북이를 만나 그 부탁을 듣고 싶었습니다.

제8회 전국 초등학생 국토사랑 글짓기대회
(개인부문)

국토연구원, 대한매일신보사 공동 주최
한국지리학회 후원

우수상
2003 1학년 때

오늘도 유달산을 오르며

나는 일요일이 돌아오면 등산을 좋아하시는 아버지와 같이 돌이 많기로 알려진 유달산에 올라갑니다.

아침 일찍 일어나 쿨쿨 잠자는 강아지를 데리고 대문을 나서면 길가에서 아침이 온 줄도 모른 채 꾸벅꾸벅 졸고 있는 늦잠꾸러기 가로등은 환해진 골목길을 그때까지 비추고 있습니다. 그러면 나는 아버지보다 먼저 달려가 가로등 스위치를 내리곤 합니다.

내가 비좁은 골목길을 지나 아스팔트로 포장된 유달산 일주도로를 따라 한참을 걸어가다 보면 내가 사는 집이 성냥곽처럼 조그맣게 보이고 내가 지금 다니고 있는 북교 초등학교 건물도 손바닥 안에 들어올 것처럼 아주 작게 보입니다.

그렇게 얼마를 가다 보면 유달산으로 올라가는 돌계단이 나타납니다. 사람 하나가 겨우 지나갈 만한 그 계단을 따라 한참 걸어가다 보면 다리도 아프고 힘도 들지만 약수터를 찾아 마시는 물은 정말이지 꿀맛입니다.

그런데 이렇게 일주일에 한 번씩 아침 일찍 일어나 유달산에 가 보면 나 말고도 많은 사람들이 아침 운동을 하는 모습을 볼 수 있습니다. 나이를 많이 먹었어도 하얀 머리카락을 바람에 날리며 운동을 하시는 할아버지를 볼 때면 존경스럽기도 합니다.

그러나 유달산에 오르는 기억 중에서 제일 재미있는 것은 산길을 지나고 아슬아슬한 바위를 딛고 일등 바위에 올라가 손나팔을 만들어 야호 소리를 힘껏 질러보는 것입니다. 신선한 아침 공기를 마음껏 들이마시고 "야호"라고 내가 외치면 산속 어디선가 나를 흉내 내는 그 소리를 언제나 들을 수 있기 때문입니다.

마치 흉내쟁이처럼 내 목소리를 그대로 흉내 내는 메아리가 있어 나는 유달산이 좋습니다. 얼굴 한 번 본 적은 없지만 그래도 그만큼 반가운 것은 내 목소리를 듣고 대답해 주는 친구라서 그런 것 같습니다.

그러나 가끔씩은 내 얼굴을 찌푸리게 만드는 일도 있습니다. 누군가가 보기 싫은 쓰레기를 유달산 곳곳에 마구 버려 놓기 때문입니다. 자기가 가지고 온 쓰레기는 자기 스스로 가지고 내려가면 좋을 텐데, 웬일인지 먹고 마시고 난 다음에는 나 몰라라 하고 버리고는 모른척하고 가버리는 사람들이 우리 고장의 자랑거리인 유달산을 찾는다는 것이 조금은 서운한 생각이 들었습니다.

그러면 아버지는 집에서 가져 간 비닐봉지에 보기 흉한 쓰레기를 담아 유달산을 내려올 때 가지고 내려오곤 하십니다.

때로는 숨을 거칠게 쉬시면서도 한손에 쓰레기 봉지를 들고 내려오는 것이 힘드신 것 같아 보일 때도 있지만 이 세상 그 누구보다 유달산을 아끼고 싶어 하는 아버지의 마음을 알기에 나도 그 옆에서 아버지가 하시는 일을 돕습니다. 하지만 때로는 쓰레기에서 오래된 음식물이 썩어 심한 냄새가 나는 바람에 코를 막기도 합니다.

나는 오늘도 유달산을 오르며 우리 고장 목포의 자랑인 유달산이 환한 얼굴로 반겨주는 모습 속에 일등 바위를 오르며 이제 머지않아 빨갛게 고운 물감으로 색칠하게 될 아름다운 유달산의 모습을 눈앞에 그려 보았습니다.

제8회 바다의 날 기념 푸른문예상 타기
전국 글짓기대회 (운문)
바다와 강 살리기 운동본부 주최, 환경부 후원

우수상
2004 2학년 때

쇠똥

먼지 나는 시골길
걸어가다 보면
돌같이 생긴 큼직한 게
떨어져 있어요.

커다란 왕파리가
달라붙어 있는
그 옆을 보면
노란 민들레 꽃잎이
웃고 있어요.

지독한 냄새 코끝을
찌르는데도
길가에서 풀 뜯는

커다란 황소는
부끄럽지 않은지
나를 보며 왜 그러냐고
입술을 오물거려요.

고약한 냄새 풍기는
쇠똥 속에서
민들레가 피고
개똥벌레가 사니
쇠똥도 그들에게는
하느님이 선물한
희망 같아요.

2004 과학의 달 전국 초등학생 독서감상문 대회
한국독서교육연구회 주최

장려상
2004 2학년 때

내가 사는 지구를 푸르게 만드는 길
─『사라진 병코 돌고래』를 읽고

나는 오늘『사라진 병코 돌고래』라는 책을 읽어 보았는데 이 책에는 환경에 대한 열한 가지의 이야기가 나와 있어 그렇잖아도 나날이 파괴되어 가는 환경 문제에 커다란 관심을 갖게 만들어 주었다.

지금 내가 사는 지구는 내가 살고 있고 앞으로 우리 후손이 살아가야 하는 소중한 곳이기에 지구가 오염되면 그 피해가 딴 곳으로 가는 것이 아니라 바로 우리에게 되돌아온다는 사실이 무섭기조차 했다.

언젠가 아버지께서 지구는 우주에서 하나뿐인 살아 있는 푸른 별이라고 말씀해 주셨는데 우리의 작은 잘못으로 공기가 오염되어 숨쉬기조차 힘들어진다면 얼마나 살기 불편할까? 하는 생각이 들었다.

「거북선과 장바구니」에서는 '내가 아는 훌륭한 것들'이란 주제로 글쓰기를 하면서 다른 친구들은 팔만대장경이나 한글이 제일 훌륭하다고 말했지만 새움이는 거북선과 엄마의 시장바구니를 그리고, 거북선이 바다를 지켰듯이 시장바구니가 우리의 환경을 지킨다는 생각을 떠올린 것이 훌륭해 보였다.

정말 내가 보기에도 우리나라 사람들은 비닐 봉투를 너무나 좋아하는 것 같다. 슈퍼에서 사탕 한 봉지만 사도 비닐봉지에 담아 주고 시장에서 과일이나 생선을 사도 미리 약속이나 한 듯 비닐봉지에 담아 주기 때문이다.

그래서 엄마를 따라 시장을 가면 집에서는 아무것도 안 가져 왔는데 손에 든 비닐봉지가 여러 개로 늘어나 버리곤 한다.

그런데 정말 이 책에 나오는 새움이 말처럼 우리 모두 시장바구니를 들고 다닌다면 그런 비닐봉지 숫자는 지금보다 훨씬 줄어들 것 같은 생각이 들었다.

쇠 당나귀 선생님이 자가용 대신 전철을 타고 다니는 이야기가 나와 있어 이 책을 읽어가던 나를 웃음 짓게 만들었다.

어떻게 전철을 쇠 당나귀라 부르는지 더구나 종이 한 장을 가지고 자원 낭비와 환경 파괴까지 말씀해 주시는 선생님의 말씀은 정말 훌륭해 보였다.

그리고 종이 한 장을 만들려면 그만큼 에너지가 필요하기에 우리 모두 에너지를 절약하는 것이 얼마나 소중한지를 알 수 있었고, 에너지 절약이 곧 환경 보호라는 사실을 알게 되어 가까운 곳은 걸어가고 한 방울의 물이라도 아껴 쓰는 게 소중하다는 것을 다시 한 번 배울 수 있었다. 나는 오늘 이 책을 읽고 바로 우리 지구를 살리는 길이 멀리 있지 않다는 것과 바로 이 책에 나오는 이야기처럼 우리 주변 가까운 곳에서 내가 할 수 있는 작은 실천 하나가 점점 병들어 가는

지구를 살려 내는 작은 희망이 될 수 있다는 걸 알았다.

이제까지 환경오염을 막는 것은 어른들이나 하는 일이라고 생각했지만 나는 오늘 이 책을 통해 이제부터는 우리들도 그런 일을 할 수 있다는 자신감이 생겼다.

길거리에 버리진 종이 한 장도 시장 갈 때 가지고 갈 장바구니 하나도 모두가 병든 우리 환경을 되살리는 지름길이기에 이 책을 읽고 난 지금부터라도 작은 것 하나라도 아껴 쓰는 절약하는 마음으로 내가 사는 지구를 푸르게 만들어 나가는 데 앞장서고 싶다는 생각을 하면서 이 책의 마지막 페이지를 넘겼다.

제11회 전국 자연사랑 글짓기 학생 공모전
청정국토만들기운동본부 주최
환경부 후원

대상
2005 3학년 때

까만 먼지가 싫어요

자동차 붐비는
시내에 가면
차들이 씽씽 소리 내며
달리기 연습해요.

서로 먼저 가겠다고
빵빵 거리면
꽁무니에 까아만 연기
피어올라요.

자꾸 걷다 보면
코가 막히고
뜨거운 햇볕 아래선
가로수 이파리

나쁜 공기 싫어
웃는 얼굴 찡그린 채
울고 있어요.

복잡한 시내 갔다가
집에 돌아와
코 풀어 보면
그 속에 숨어든 까만 먼지
하얀 화장지 까맣게
색칠해 버려요.

제4회 전국 학생 일반 백일장 (운문부)
한국청소년신문사 주최
환경부, 문화관광부 후원

최우수상
2005 3학년 때

태우지 마세요

깨끗한 걸 좋아하는
이웃 할머니
골목길에 과자 봉지
달리기 하면
큰소리로 화를 내지요.

쓰레기 태우면
공기 나빠진다고
그렇게 말씀 드려도
그 말 듣지 않는
고집 부려요.

까만 연기 바람 따라
우리 집 넘어 오면

하얗게 미소 짓고
말라가던 옷들이
조금씩 조금씩
얼굴 찡그려요.

불타는 쓰레기가 뿜어대는
불쾌한 냄새
책 읽는 내 코를
자꾸 간지럼 태우다
재채기 나오게
만들어 버려요.

제7회 효녀심청 전국 어린이 예술 공모전
(글짓기 동시부문)

곡성문화원 주최

동상
2006 4학년 때

방귀 뀌는 자동차

정류장에 다가와
손님 태우는 시내버스
버릇이 없다.

밥을 얼마나
많이 먹었으면
정류장에 한번씩
멈출 때마다
참았던 방귀를
시원하게 뀐다.

사람들은 그 냄새 싫어
고개 돌리고
길가에 늘어선 가로수

고약한 방귀 냄새 싫다고
파아란 손바닥
이리 저리 흔들며
부채질 한다.

제6회 혜산 박두진 전국백일장대회 (초등부)
안성문인협회 주최

장원
2006 4학년 때

나무

삽을 꾹 눌러
흙을 파내고
꽃가게에서
내가 고른 꿈 하나
화단에 심었어요.

어느새 땅 딛고
고마운 듯 나 보는
그 얼굴이 반가워
잘 자라기 바라는
내 마음 듬뿍 담아
물을 주었어요.

아침에 일어나면

얼마나 자랐는지
제일 먼저 살폈더니
내 마음 알고서
보랏빛 꽃송이
예쁘게 웃어요.

가방 메고 학교 오갈 때
눈으로 인사하는
무궁화나무처럼
내 마음속에 그려온 꿈도
날마다 파랗게
커가고 있어요.

제5회 광주전남 어린이글짓기 공모전 (운문부문)
광주전남아동문학인회 주최

최우수상
2006 4학년 때

건전지 속에는

내가 좋아하는 장난감 자동차
달리게 만드는
건전지 속에는
눈에 안 보이는 괴물이
숨어 있어요.

눈 크게 뜨고 살펴도
알 수 없는데
조그맣고 길쭉한
건전지 속에는
사람 목숨 위협하는 중금속이
들어 있대요.

나는 그것도 모르고

건전지 입속에 넣어
빨곤 했는데
그걸 알고 나니 갑자기
겁이 났어요.

땅을 오염 시키고
물을 오염시켜
건강한 사람을
병들게 하는
건전지가 그렇게 무서운 걸
처음 알았어요.

편리해 보이는
조그만 건전지속에 숨겨진
또 다른 얼굴을
친구들에게 달려가
알려주고 싶었어요.

제11회 바다의 날 기념 푸른문예상 타기
전국 글짓기대회 (초등부)
바다와 강 살리기 운동본부 주최
해양수산부, 부산광역시 후원

우수상
2006 4학년 때

울고 있는 바다

우리들의 푸른 꿈
가득 찬 바다
언제부턴가 슬프게
울고 있어요.

여름이면 해파리
둥둥 떠다니고
어린 고기 잡아 먹는
불가사리 때문에
고기 잡는 사람들 걱정이
할아버지 주름살처럼
늘어만 가지요.

잘 가꾸면 논과 밭처럼

물고기도 길러 주고
해산물도 길러 주는
그 푸른 바다가
사람들이 마구 버린
쓰레기로 인해
숨 못 쉬는 모습 보면
너무 슬퍼요.

이제는 버리지 말아요.
음료수 캔 하나
일회용 컵 하나
그것들이 모여
살아 숨 쉬는 바다 죽이고
건강한 몸 위협하는
무서운 얼굴로
우리를 찾아오게
하지 마세요.

설레는 마음으로

작은 돌들이 마치 누가 더 키가 큰지 자랑을 하는 듯이 머리를 맞대고 있는 월출산 봉우리 옆으로 푸른 숲이 초록색 물감 놓은 것처럼 푸르게 빛나고 있었다. 월출산을 올라가는 길옆에서 우리들은 인솔하신 선생님의 말씀에 따라 주변에 서 있 와 산에서 살고 있는 여러 가지 식물을 돋보기를 꺼내가며 자세히 살펴보았다. 이름 모를 풀 속에 몰래 숨어 사는 풀무치 놀라 내 얼굴로 튀어 오르고 시끄럽게 울어대는 여치가 숨어 있을 것 같은 가시덤불 속을 눈을 크게 뜨고 살펴보면서 나 파브르 같은 곤충 학자가 된 것처럼 생각되기도 하였다.

제1회 우리고장 문화관광 기행문 공모전

목포문화원 주최

우수상
2004 2학년 때

불갑사를 다녀와서

길가에 코스모스 꽃이 활짝 핀 가을이 시작되자 나는 자꾸만 어디론지 가고 싶은 생각이 들었다.

그래서 항상 바쁘다고 말씀하시는 부모님을 조르고 졸라 우리 고장과 가까운 절이나 유적지를 세 군데나 구경할 수 있었다. 그중에서도 아직까지 나를 가슴 설레게 했던 일은 영광군에 있는 불갑사를 구경한 일이었다.

손꼽아 기다리던 10월 3일의 아침이 뿌옇게 밝아 오자 어머니는 김밥을 마시느라 바쁘셨고, 유리창을 열고 하늘을 올려다보는 내 마음이 하늘을 떠가는 풍선처럼 자꾸만 부풀어 올랐다.

그래도 아침에 출발해야 좀 더 많은 곳을 볼 수 있다는 아버지 말씀을 떠올리며 동생과 나는 뒷자리에 어머니는 앞자리에 앉으셨다.

우리 집에서 점점 멀어져 가는 승용차가 가게들이 늘어선 시내를 벗어나자 차창 밖으로 보이는 농촌 풍경이 한 장의 그림처럼 아름다웠다.

아직 이른 아침 시간이라 그런지 지나가는 차들도 그리 많지 않아 까만 아스팔트로 포장된 서해안 고속도로를 우리가 차지하고 달리는 게 너무 재미있었다.

그런데 인제나 돼지처럼 욕심을 부리는 동생은 창밖의 경치가 훤히 보이는 의자에 앉아서도 벼들이 노랗게 익어가는 들판을 가깝게 보고 싶은지 창문을 열어 달라고 자꾸 떼를 쓰기도 했다.

이렇게 한참을 달린 승용차가 무안을 지나고 함평을 지나 영광을 향해 달리기 시작하자 차창 밖으로 훤히 내다보이는 들판이 마치 노란 물감으로 그려 놓은 한 장의 풍경화 같았다.

얼마나 시간이 흘렀을까? 나와 동생이 차창 밖의 모습을 보느라 정신이 없는데 어느새 불갑사를 알리는 표지판이 보였다.

나는 불갑사가 큰 도로 옆에 있을 줄 알았는데 노랗게 물들어 가는 들판 옆으로 난 길을 한참이나 달려야 했고, 승용차가 멈추자 그동안 사진으로만 보아온 불갑사의 모습을 구경할 수 있었다.

어찌나 절이 넓은지 차에서 내린 우리가 누가 더 빨리 달리는지 달리기 시합을 하면서 갔어도 시간이 한참이나 걸렸다.

불갑산이라 불리는 산 기슭에 자리 잡은 불갑사는 우리나라 사람이 아닌 인도의 스님인 마라난타라는 분이 지었다는 것이 조금은 달라 보였다.

어떻게 비행기도 안 다닌 그 옛날에 인도라는 먼 곳에 사는 스님이 우리나라에까지 오게 되었는지 자세히 알 수는 없었지만 그로 인해 백제에 불교가 널리 퍼지게 되었다는 것이 놀랍기만 했다.

내가 처음 가 본 불갑사의 천황문 앞에는 다른 절처럼 꿈속에 나타날까 무서운 사천왕상이 모셔져 나를 제일 먼저 반겨 주었다.

나는 그동안 여러 곳의 절을 다니며 사천왕상을 자주 보았지만 사천왕상은 보면 볼수록 무섭다는 생각이 든다. 누구든지 함부로 들어오지 말라고 잔뜩 겁을 주는 것 같아서다. 하지만 그보다는 나쁜 귀신이 들어오지 못하게 막아주는 방패로 봐야 할 것 같다.

불갑사에는 보물로 지정된 대웅전도 있었고 만세루나 명부전 같은 건물들이 있었는데 대웅전에 단청이 칠해져 있지 않은 것이 달라 보였다.

하지만 연꽃과 국화 무늬의 창살을 살펴보며 우리 조상들의 뛰어난 솜씨가 훌륭해 보였다.

어느새 가을이라 그런지 불갑사 마당 한쪽에 서 있는 감나무에는 감이 빨갛게 익어 가고 있었다.

어디선가 불경을 외우는 스님들의 목소리가 들려 왔다.

나는 불갑사를 돌아보며 불갑사의 역사와 사진으로만 보아 온 문화재를 직접 눈으로 살펴볼 수 있었던 이번 가을 여행을 한 장의 사진으로 찍어 내 앨범 속에 오래도록 꽂아 두고 싶었다.

전국 초 · 중 · 고등학생 대상
색채의 마술사-샤갈 부산전시 감상문 현상공모전
(초등부)

한국일보사 시행

금상
2004 2학년 때

'색채의 마술사 마르크 샤갈 전' 을 보고

나는 지난 여름방학에도 서울에서 열린 색채의 마술사라고 불리는 샤갈의 전시회를 구경했었다.

그런데 겨울방학이 되어서도 부산에서 열린 전시회를 또다시 볼 수 있게 된 것은 2학기말 고사에서 1등을 했기 때문이었다.

아마 내가 학기말 고사를 제대로 보지 못했더라면 샤갈 전시회를 두 번이나 보는 기쁨을 맛볼 수는 절대 없었을 것이다.

나는 다행스럽게도 여름방학에 샤갈 전시회를 관람한 덕분에 이제는 샤갈이란 화가에 대해 조금은 알게 되었다. 샤갈의 그림은 보면 볼수록 참으로 신기한 느낌을 전해주는 요술 그림인 것 같았다.

그래서 항구도시 부산 구경도 하고 샤갈 전시회를 관람하려고 집을 나설 때 마치 기다리고 기다렸던 소풍을 갈 때처럼 가슴이 자꾸만 두근거렸다.

나는 부산시립미술관에서 여자를 안고 있는 남자의 행복한 표정을 보면서 다시 한 번 샤갈 전시회를 찾은 것이 참 잘했다는 생각이 들었다.

찬바람이 불고 눈이 내리는 겨울날에도 포근함을 느끼는 행복한 눈빛의 사람들을 보면서 샤갈의 그림 속에 숨겨진 천사의 모습을 만날 수 있었다.

나는 여러 가지의 주제별로 걸린 그림을 돌아보면서 우리나라에도 이런 뛰어난 미술 솜씨를 가진 화가가 있었으면 좋을 거라는 생각이 자꾸 들었다.

지금 내가 사는 목포에 있는 문화예술회관에 가면 그림이나 서예 전시회를 자주 열고는 하는데 그런 그림과는 달리 사람을 자석처럼 끌어당기는 신비스러운 느낌이 드는 그림을 살펴보면서 내가 마치 행복한 꿈을 꾸고 있는 것만 같았다.

나는 날개도 없는 사람이 하늘을 향해 날아오르는 그림을 보면서 천사의 모습을 떠올렸고 흰 눈이 내리는 풍경이 그려진 그림을 보면서 얼마 전 우리 고장에 기다리던 첫눈이 오던 날의 모습을 떠올려 볼 수 있었다.

나는 오늘 샤갈 전시회를 둘러보고 바이올린을 켜는 사람의 얼굴이 살색이 아니라 초록색이고 나무와 집들이 땅에 있는 것이 아니라 별처럼 하늘에 서 있는 것이 바로 색채라 불리는 마술 때문인 것 같았다.

나는 샤갈의 그림을 보기 위해 찾아 온 수많은 사람들이 질서 있게 관람하는 얼굴 속에서 좋은 음악처럼 그림도 우리 마음을 행복하게 해 준다는 것을 처음 알았다.

벽에 걸린 그림들을 다 보았는데도 더 보고 싶다는 생각이 자꾸 든 전시회를 둘러보며 나는 신비로운 색채로 가득 찬 아름다운 꿈속에서 상상의 날개를 마음껏 펼 수 있었던 샤갈 전시회를 마음속의 사진으로 간직하고 싶다는 생각이 들었다.

천년의 고도 경주 인터넷 글짓기 대회 (초등부)
경주시청 주최

최우수상
2005 3학년 때

신라 30대 문무대왕

나는 초등학교 2학년 때까지만 해도 문무대왕에 대해 아는 것이 별로 없었다.

그런데 낯선 곳으로의 여행을 좋아하시는 아버지를 따라 경북 관광 개발 공사에서 마련한 문무대왕 수중릉 답사 여행을 하고 난 다음에야 신라의 문무대왕에 대해 조금은 알게 된 것이 다행스러웠다.

우리나라가 지금과는 다르게 고구려 백제 신라로 갈라져 있다가 하나로 통일이 되자 태종무열왕의 뒤를 이어 왕이 되신 문무대왕은 미래를 내다보는 신기한 힘을 가지고 있는 것처럼 보였다. 백제 땅에 다섯 개의 도독부를 설치해 다스리려던 당나라의 욕심을 미리 알아차리고 당나라 세력을 우리 땅에서 몰아내기 위해 온 힘을 기울여 나갔으니 말이다.

그리고 백제 부흥군의 공격으로 인해 사비성까지 빼앗길 위험에 빠지자 직접 군사를 이끌고 위례성을 점령한 것을 보면 말보다는 행동으로 나라를 지킨 훌륭한 왕이었다.

내가 볼 때 무슨 일이든지 간섭하려 드는 당나라 군사를 물리치기 위해 백제의 유민들과 손을 마주 잡고 당나라 군대와 싸워 승리를 거두고 우리 손으로 진짜 삼국 통일을 이루어낸 문무대왕의 눈부신 활약에 커다란 박수를 보내 주고 싶었다.

당나라가 동맹을 체결할 때는 평양 이남이 땅을 신라가 차지하도록 약속을 해놓고도 막상 백제를 멸망시킨 다음에는 욕심이 생긴 나머지 백제를 자기들이 다스리려고 신라까지 계림대도독부라 부르고 통일 신라의 왕을 계림대도독으로 부른 것은 우리나라를 깔본 것 같아 기분이 좋지 않았다.

나는 문무대왕의 수중릉을 보면서 죽어서도 동해 바다의 용이 되어 신라를 보호해 주려 한 문무대왕이 너무나 훌륭해 보였다.

우리 영토에 욕심을 가진 당나라를 물리치고 진짜 삼국 통일을 이루어낸 것처럼 아직도 동해 바닷가 수중릉에 자리 잡은 문무대왕은 오늘도 우리 땅인 독도를 자기들 땅이라 억지를 부리는 일본 사람들이 오늘처럼 억지 부릴 것을 미리 알았는지도 모른다. 그래서 우리 땅을 탐내는 당나라 사람들처럼 일본도 우리 땅 독도를 빼앗으려 할 것이라는 것을 알고는 정말 힘세고 용맹스런 용이 되어 우리나라를 언제나 지켜주고 싶어 했을 것 같다는 생각이 들었다.

나는 하얀 파도가 들어 왔다가 빠져 나가는 수중릉 안에 큰 돌이 놓여 있는 걸 보고 저것이 바로 문무대왕이 묻혀 있는 곳이 아닐까? 생각해 보았다.

우리나라를 빛낸 많은 위인들이 있지만 죽어서까지 우리나라를 지켜 주고 싶어 한 문무대왕을 본받아 나도 우리나라를 아끼고 사랑하는 자랑스런 대한의 어린이로 자라야겠다고 문무대왕이 잠들어 있는 수중릉을 돌아 나오며 다시 한 번 다짐해 보았다.

제10회 전국 초등학생 국토사랑 글짓기 대회
(개인부문)

국토연구원, 동아일보사 공동 주최
교육인적자원부, 국토지리학회 후원

우수상
2005 3학년 때

월출산 생태 체험을 통해 배운 우리 국토

뜨거운 태양이 빛나는 하늘 아래서 멀리서만 보아온 월출산을 찾아 우리 모두 실천해야 할 국토 사랑을 생각해 볼 수 있었던 이번 여름은 나에게는 물론 나와 같이 생태 체험 여행을 떠난 친구들의 가슴 한구석에 우리 산에 살고 있는 이름 없는 풀꽃과 여러 가지 곤충을 살펴볼 수 있는 뜻 깊은 시간이 되었다.

나는 월출산 생태 체험을 떠나기 전까지만 해도 나 혼자 낯선 친구들과 어울려 떠나는 여행이라서 걱정이 앞서는 걸 숨길 수 없었다. 그래서 떠나기 전날에는 뜻 모를 불안과 설렘으로 몇 번이나 잠을 깼는지 모른다. 이윽고 미리 약속한 7월 30일 아침이 뿌옇게 밝아오자 나는 집합 장소인 목포역 광장으로 걸어갔다. 언제 왔는지 가방을 하나씩 메고 나보다 먼저 온 친구들과 인원 확인을 끝낸 다음 우리를 기다리는 버스에 올랐다.

아스팔트 위로 신나게 달리는 버스가 가로수를 밀치며 자꾸만 앞으로 나아갈 때마다 나의 가슴 속에는 낯선 여행에 대한 기대 때문인지

소풍 가는 것 같은 기분이 들었다.

얼마쯤 시간이 흘렀을까? 멈출 줄 모르고 달리던 버스는 목포와 영암을 하나로 이어 놓은 영산호를 지나고 논과 밭을 도화지에 그려 놓은 것 같은 푸른 들판을 지나는가 싶더니 월출산을 올라가는 구부러진 도로에서 몇 번이나 에스 자를 그려내고 있었다.

나는 지금까지 이웃 고장인 목포에 살면서도 초등학교 3학년이 될 때까지 월출산을 한 번도 찾은 적이 없다는 사실이 부끄러웠다.

힘겨운 소리를 내는 버스에 실려 도갑사에 도착한 우리는 버스에서 내리자마자 눈앞을 가로막는 월출산의 웅장한 모습과 졸졸졸 노래하며 흐르는 물줄기를 쳐다보면서 찾아오길 잘했다는 생각이 들었다.

크고 작은 돌들이 마치 누가 더 키가 큰지 자랑을 하는 듯이 머리를 맞대고 있는 월출산 봉우리 옆으로 푸른 숲이 초록색 물감을 칠해 놓은 것처럼 푸르게 빛나고 있었다.

월출산 정상으로 올라가는 길옆에서 우리들은 인솔하신 선생님의 말씀에 따라 주변에 서 있는 나무와 산에서 살고 있는 여러 가지 식물을 돋보기를 꺼내 가며 자세히 살펴보았다. 이름 모를 풀 속에 몰래 숨어 사는 풀무치가 깜짝 놀라 내 얼굴로 튀어 오르고 시끄럽게 울어대는 여치가 숨어 있을 것 같은 가시덤불 속을 눈을 크게 뜨고 살펴보면서 내가 마치 파브르 같은 곤충 학자가 된 것처럼 생각되기도 하였다.

코끝을 파고드는 풀냄새는 내가 살고 있는 목포에서는 맡아 본 적이 없는 색다른 향기였고 우리들의 움직임에 따라 그치기도 하고 또 다시 시작하기도 하는 풀벌레의 합창 소리가 월출산을 찾아 온 우리들을 축하해 주는 것 같았다.

이렇게 월출산의 자연 환경을 몸으로 배우며 풀밭 가운데로 나 있는 언덕길을 오를 때는 서로 손을 내밀어 이끌어 주고 붙잡아 주면서 나 혼자보다는 우리의 소중함을 배울 수 있었다.

드디어 몇 번이나 미끄러지고 손수건이 축축이 젖도록 땀방울을 흘리며 월출산에서 제일 높다는 천왕봉에 도착한 우리들은 발아래에 펼쳐진 그림처럼 아름다운 녹색 들판을 내려다보면서 우리가 살고 있는 이 땅이 한 장의 그림보다 훨씬 아름답다는 것을 처음 알았다.

월출산을 오를 때만 해도 더운 날씨 때문에 숨이 막혀 쓰러질 것 같았지만 내려올 때는 약수터에서 약수를 마신 때문인지 누군가 등을 떠미는 것처럼 손쉽게 내려올 수 있었다.

그리고 차가운 물이 흐르는 계곡에서 운동화를 벗어 놓고 발을 담그자 개구리가 깜짝 놀라 도망가고 물속에 숨어 사는 조그만 물고기가 발가락을 간질이는 바람에 간지럼을 못 참고 웃기도 했다.

우리는 산길 중간 중간에 세워진 안내 표시판을 따라 산을 내려오면서 선생님이 나눠 주신 비닐봉지에 누군가가 버린 쓰레기를 주워 담으며 이렇게 아름다운 우리 땅을 아끼고 지키는 것은 바로 우리 모두의 책임이라는 것을 알았다.

목포에서 출발할 때만 하여도 서먹서먹했던 낯선 얼굴들과 친해져

집에서 준비해 온 음료수와 과자를 나눠 먹으며 우리 산과 그 속에 사는 동식물을 만나 우리 국토의 소중함을 배울 수 있었던 그날, 높은 키를 자랑하는 월출산이 검게 타버린 얼굴로 환한 웃음을 머금고 있는 우리들을 부러운 듯 내려다보며 다음에 또 오라고 손을 흔들어 주는 것만 같았다.

전국 초 · 중 · 고등학생 대상
위대한 세기 피카소 전시 감상문 현상공모전
한국일보사 주최

장려상
2006 4학년 때

'위대한 세기 피카소 전시회'를 돌아보고

나는 올해도 여름방학이 찾아오자 서울에 갈 수 있다는 기대로 들떠 있었다. 내가 서울에서 산다면 더 많은 것을 보고 들을 수 있었을 텐데, 내가 지금 사는 목포는 서울과 너무 거리가 멀어서 그런지 서울에 한 번 가려면 많은 준비와 비용이 들어간다.

그래서 방학이 되어 서울에 가면 해보고 싶은 것도 많고 구경하고 싶은 곳이 한두 곳이 아니다. 하지만 그 많은 곳 중에서도 언제나 빼놓을 수 없는 것이 바로 멋진 화가를 그림으로 만나는 즐거움이 나를 손짓하는 미술 전시회를 관람하는 것이다.

해마다 한 번씩 내 가슴을 들뜨게 만드는 미술 전시회 속에서 올해는 피카소라는 화가를 만날 수 있었다.

신문 광고를 통해 본 '위대한 세기 피카소 전시회'를 구경하기 위해 작은 이모 손을 잡고 덕수궁 옆에 자리 잡은 서울시립미술관을 찾은 나는 날씨가 무더운 여름철인데도 해수욕장이나 계곡으로 피서를 가지 않은 채 오직 피카소를 만나고 싶다는 생각에 길게 늘어서 입장을 기다리는 사람들을 보고 역시 서울은 지방과 다르다는 생각이 들었다. 누가 일부러 시키지 않았는데도 질서 있게 차례를 기다리는 모습 속에서 미술을 사랑하는 사람들의 아름다운 마음을 읽을 수 있었다.

내가 미술을 전공하신 이모와 같이 서울시립미술관에 들어서자 표를 구입하느라 힘들었던 나를 반겨주는 것은 바로 여러 여인들의 모습이었다. 서로 다른 얼굴과 모습의 여인들이 그려진 그림을 보면서 피카소는 풍경은 안 그리고 사람들만 그린 화가가 아닐까? 생각되기도 했다.

그러나 내 눈길을 끈 많은 작품 중에서도 가장 인상적인 작품이 무엇인지 말해 보라면 나는 서슴없이 '거울 앞의 잠자는 여인'을 말하고 싶다. 왜 하필이면 다른 곳도 많았을 텐데, 거울 앞에서 잠을 자고 있는지 자꾸만 물음표가 떠올랐지만 거울을 앞에 두고 고개를 뒤로 젖힌 채 잠을 자는 모습은 보면 볼수록 신비한 구석이 있었고 곡선으로 그린 보라색 다리는 부드러운 느낌을 주었다.

그리고 줄무늬 수건을 쓰고 창밖을 바라보는 것 같은 '창가의 여인'이나 깔끔하게 빗은 머리가 단정해 보이는 '앉아 있는 여인'은 여러 조각의 그림을 짜 맞춘 것 같아 퍼즐을 좋아하는 내 마음에 꼭 들었다.

나이가 어려서 자세히는 모르지만 내가 볼 때 피카소는 사람을 무척이나 좋아했던 것 같았다. 왜냐하면 사람을 모델로 해서 그린 작품이 다른 화가에 비해 너무 많았기 때문이다. '새벽의 연주자'처럼 연주자와 감상하는 사람이 같이 그려진 그림도 있었고 반신상처럼 양쪽 얼굴이 서로 겹치게 그린 그림도 있어 내 눈을 잡아끌었다. 팔과 다리 부분이 끊어질 것 같으면서도 이어진 '무용'이란 제목을 가진 작품은 서로 다른 색깔로 즐겁게 춤추는 모습이 아름다웠고 카펫처럼 보이는 커다란 종이 위에 그림을 그렸다는 것이 놀라울 뿐이었다.

이렇듯 피카소 전시회에 걸린 여러 그림은 가깝게 또는 약간 먼 거리에서 작품을 감상하는 나에게 크고 작은 기쁨과 감탄을 안겨 주었다.

그리고 그 미술 작품의 가격이 엄청나다는 것 또한 놀라울 뿐이었다. 나는 피카소가 80년이라는 오랜 시간에 걸쳐 5만여 점의 작품을 남겼다는 사실이 놀라웠다.

그리고 국내 최대의 규모라 그런지 전시회의 제목처럼 피카소를 사랑하는 사람들이 그림 속에 몰래 숨어 있다가 페르낭드 올리비에에서 쟈클린느 로크에 이르기까지 서로 다른 모델의 모습으로 시립미술관을 찾은 나에게 피카소의 놀라운 미술 세계를 보여 주고 있는 것 같았다.

나는 피카소 전시회를 돌아보며 '우는 여인'을 만날 수 있었다. 사람이 항상 웃고 살아 갈 수는 없지만 울고 있는 여자를 그린 그림이 소더비경매장에서 두 번째로 높은 금액에 팔렸다는 사실이 놀라웠다.

나는 오늘 피카소 전시회를 돌아보고 화가는 그림을 그리는 것이 아니라 그림 속에 자기가 살아온 추억을 담는 것 같다는 생각이 들었다.

Picasso
제목 창가의 여인
1952

어린아이처럼 그리는 법을 배우기 위해 평생을 바쳤다는 위대한 화가 피카소는 이제 우리 곁에 없지만 그때 서로 가깝게 알고 지낸 사람들을 그림 속에서는 영원히 살아 있도록 해 주어 오늘의 나와 만날 수 있도록 해 준 피카소 할아버지께 감사의 박수를 보내며 뛰어난 미술 작품을 돌아본 나는 가슴 두근거리는 감동을 끌어안고 서울 시립미술관에서 걸어 나왔다.

제5회 대한민국 농업박람회 어린이글짓기대회
(산문부문)

전라남도 농업기술원 주최

우수상
2006 4학년 때

대한민국 농업박람회를 돌아보고

한 달에 두 번씩 돌아오는 토요 휴무일을 맞이하여 목포역에서 출발하는 통근 열차를 타고 나주에서 열리는 대한민국 농업박람회를 구경 간다는 기대로 아침부터 내 가슴이 두근거렸다.

같이 오신 아버지도 처음이라서 버스를 두 번씩이나 갈아타고 몇 번을 묻고 물어 찾아 간 먼 길이었지만 박람회장이 가까워지면서 길가에 내걸린 플래카드를 쳐다보며 행사장이 점점 가까워지고 있다는 걸 느낄 수 있었다. 올해로 6회째인 농업박람회는 자연, 생명, 미래 창조라는 말이 가슴에 와 닿을 만큼 넓은 행사장에 여러 시도의 농산물을 소개하는 농업 축제의 장 같았다.

나는 박람회를 찾기 전에는 우리 고장만 참여하는 행사인 줄 알았는데 우리나라의 각 시도가 모두 참여하고 있다는 사실을 알고 깜짝 놀라지 않을 수 없었다.

그리고 여러 가지 프로그램으로 꾸며진 대한민국 농업박람회를 호기심어린 눈으로 돌아보며 찾아오기를 잘했다는 생각이 들었고 행사장을 모두 돌아보면 앞으로 왜 우리의 농업이 환경을 사랑하는 농업이 되어야 하는지를 알 수 있는 열쇠를 찾아 낼 수 있을 것만 같은 생각이 들었다.

농업 과학 기술관 1층에서는 식물이 자라는 모습과 신석기 시대에서부터 삼국 시대를 거치면서 발전에 발전을 거듭해 온 농기구의 역사를 배울 수 있었다. 처음에는 그냥 자연에서 얻을 수 있는 돌도끼나 돌칼 같은 석기로 만든 농기구를 이용해 농사를 지었지만 청동기를 이용하면서 씨앗을 뿌려 수확을 했다는 것을 알았다.

그리고 시골에 놀러 갔을 때 보았던 괭이나 호미 같은 농기구를 이곳에서 볼 수 있어 반가운 생각이 들었고, 농사를 짓는 방법이 나와 있는 『과농소초』나 『금양잡록』 등의 농사 책과 농업 발전을 위해 힘쓴 사람들의 업적을 읽으며 우리 조상들이 농업을 얼마나 중하게 여겼는지를 알 것 같았다.

그리고 현대 농업관에서는 시대에 따른 우리 농업의 현대화 과정을 살펴 볼 수 있었다. 1960년대에는 인력과 축력 중심의 농사를 지을 수밖에 없었으나 점점 농촌에 사람이 줄어들자 1970년대부터는 동력 경운기와 발동기를 이용해 농사를 짓고 1980년대에 들어 와서는 기계화 영농을 할 수 있는 트랙터 중심의 농업을 하고 있다는 것을 알고 미래의 농업은 어떤 모습으로 발전해 나갈까? 하는 호기심이 고개를 들었다.

그리고 가축 분뇨는 악취가 많이 나지만 미생물에게 분뇨는 먹이가

되어 무공해 액체 비료를 만들어 농사짓는 데 다시 사용된다는 것을 알고 분뇨는 더러운 것이 아니라 우리가 살아가는 데 더 없이 소중한 거름이라는 것을 배울 수 있었다.

미래 농업관에서는 유전자 종자 은행이 농업 유전자원의 수집과 보관을 하고 있는데 여러 가지 씨앗 총 1,132종의 147,192점이 보존되어 있으며, 생물자원을 이용한 신기능 소재의 개발로 환경 친화형 생물 농약을 만들고 있다는 것을 알았다.

2층 전통 농경 유물관에서는 절구, 탈곡기 등과 함께 대나무로 만든 닭장과 곡물에 섞인 먼지를 날려 버리는 풍구, 그리고 베를 짜는 베틀을 볼 수 있었고, 나비 생태관에서는 호랑나비를 비롯한 여러 나비를 구경할 수 있었다.

그리고 친환경 농자제가 전시된 곳에서는 농약이 아닌 동물 아미노산과 비타민이 든 약을 농작물에 뿌려 준다는 것을 일고 앞으로 우리 농업이 왜 농약의 사용을 줄인 농업이 되어야 하는지 그 이유를 알 것 같았다. 우선 고약한 냄새가 코를 찌르는 농약이 농작물을 괴롭히는 병충해를 죽이는 데 효과가 있는 것은 사실이지만 독한 농약을 사용하면 그 농약이 자기도 모르게 땅속으로 스며들어 우리의 흙을 죽이고 흙속에 살고 있는 지렁이와 같이 우리에게 유익한 동물까지 모두 죽게 한다는 것을 알 수 있었다.

이밖에 어메이징 관에서는 신비하고 별난 누에를 수없이 만나 볼 수 있었고 폐농기계 및 고철을 용접하여 만든 여러 가지 동작의 로봇도 볼 수 있었다. 희한한 농산물 전시관에서는 여러 가지 모양과 색깔의 오이, 수세미와 방망이같이 커다란 작두콩을 보았고 짚풀 공예품 전시관에서는 짚으로 만든 허수아비와 노루를 만날 수 있었다.

나는 오늘 자연 생태 체험관을 돌아보며 우리 농촌에서 생산되는 농산물이 그렇게 큰 것도 있다는 것을 처음 알았다. 그리고 누에가 알에서 깨어나 5령을 거치면서 변해가는 모습과 실패를 돌리면 하얀 두 가닥의 실이 실패에 감기는 체험은 특별했다. 이곳에 오기 전에 말로만 듣던 누에에서 직접 실을 뽑아 보니 신기하면서도 재미가 있었다.

나는 오늘 나주에서 열린 농업박람회를 돌아보면서 앞으로의 농업은 우리 몸에 해로운 화학 비료나 농약 사용을 줄여 나가는 환경 농업이 되어 우리가 마음 놓고 먹을 수 있는 안전한 농산물이 우리의 식탁을 차지하게 될 것 같은 생각이 들었다. 왜냐하면 사람들은 날이 갈수록 자기의 건강을 생각해 무공해 채소나 과일이라면 값이 약간 비싸더라도 사먹고 싶어 할 것이고 친환경 농산물을 기르는 데는 그만큼 정성이 들어가지만 우리가 먹는 밥상을 안전한 농산물을 이용해 차리고 싶은 사람들이 점점 늘어 갈 것이기 때문이다.

나는 앞으로 우리 농업이 걸어가야 할 길은 바로 자연과 함께 살아나가는 친환경 농업뿐이라는 것을 이번 박람회를 통해 알 수 있었다. 우리 농촌을 널리 알리는 이런 뜻 깊은 행사가 전국으로 널리 퍼져나간다면 앞으로 수입 농산물이 우리의 밥상을 기웃거려도 비집고 들어설 자리가 없다는 사실을 배울 수 있는 값진 시간이 되었다.

제13회 전쟁기념관 관람 감상문 공모 (초등부)
전쟁기념관 주최

대상
2006 4학년 때

전쟁기념관을 다녀와서

전쟁하면 어쩐지 무서운 생각이 먼저 드는 것은 아마도 내 나이가 아직 어려서 그런 것 같다. 생각하지도 못한 어느 날 갑자기 내 생각과는 다르게 총알이 날아다니는 전쟁이 일어나 사람의 목숨이 오가는 것은 정말 슬픈 일인 것 같다.

옛날부터 흰옷을 좋아해 평화를 그 무엇보다 사랑한 우리 민족이 그동안 수많은 침략을 당했지만 그걸 모두 슬기롭게 물리친 것은 우리 조상들의 뛰어난 지혜 때문이라고 나는 생각한다.

나는 오늘 용산에 있는 전쟁기념관을 돌아보며 전쟁이란 일어나서도 안 되지만 한 번 일어난 이상 승리해야 한다는 사실을 배울 수 있었다.

내가 들뜬 기대를 안고 전쟁기념관 서문 입구에 들어서자 동그란 지구 모양의 단 위에서 서로 부둥켜안고 있는 병사의 모습이 제일 먼저 나를 반겨 주었다. 마치 금방 어디서 힘껏 달려 온 듯한 모습으로 서로를 붙잡고 서 있는 모습은 한국 전쟁 당시 형과 아우가 서로 다른 편이 되어 전쟁터에서 만난 실화를 바탕으로 만들어졌다는 점에서 그걸 보는 내 가슴이 뭉클하였다. 만약 우리나라가 남북으로 갈리지 만 않았더라도 그런 슬픈 비극은 없었을 텐데, 형은 국군 장교가 되고 동생은 북한군 병사가 되어 서로 적군이 되어 싸울 수밖에 없었던 이야기는 전쟁기념관을 찾은 나에게 분단의 아픔을 더 깊이 느끼게 만들었다.

그리고 형제의 상 아래는 마치 조그만 돔 집처럼 동그랗게 생겼는데 바닥에는 6·25전쟁 때 우리나라를 도와 준 고마운 나라들의 지도와 도와 준 기간들이 적혀 있어 아무런 대가도 없이 오직 우리의 자유를 찾아 주려는 정의로운 사람들의 뜨거운 우정을 느낄 수 있었고 그 옆의 벽화는 처음에 무슨 뜻을 갖고 있는지 알지 못했으나 내용을 읽어 보니 한국전쟁에서 민관군이 한마음이 되어 국난을 극복한 상황과 민족의 얼이 표현되었다는 것을 알고 다시 한 번 자세히 살펴보며 고개를 끄덕여 보았다.

그곳을 지나가자 여러 사람들의 얼굴이 새겨진 분수대가 물을 뿜어내고 있었고 분수대 옆에는 제2차 세계대전과 6 · 25전쟁 때 북한군 전차와 맞서 용감하게 싸운 연합군의 전차와 강과 육지를 마음대로 다닐 수 있는 수륙 양용 장갑차가 늠름한 모습으로 나를 기다리고 있었다. 마침 뒤쪽 문이 열려 있어 안으로 들어 갈 수 있었는데 안에는 손잡이도 있고 여러 사람이 같이 앉을 수 있는 의자는 물론 운전석이 어떻게 되어 있는지 살펴볼 수 있게 되어 있었다.

그리고 칼 모양을 한 6 · 25 상징 조형물에는 북한의 남침으로부터 민주주의를 지키고 민족의 평화를 이루기 위한 모습 속에서 "자유는 거저 주어지는 것이 아니다."라는 말이 내 가슴에 파고들어 왔다.

나는 비행기, 장갑차, 포 등이 전시된 옥외 전시장을 구경한 다음 3, 4구역을 지나 전시실 입구에서 관람표를 구입하였다.

설레는 가슴으로 전시실로 들어서자 아주 오랜 구석기 시대의 유물과 청동기 시대 고분에서 나온 유물들이 전시되어 있어 마치 전쟁기념관이 아닌 박물관에 온 것 같은 착각이 들기도 했다. 하지만 그곳을 지나자 전쟁 영웅들의 이름과 업적을 적은 두상이 나를 기다리고 있었다. 내 생각에 피를 부르는 전쟁은 절대 좋은 일이 아니지만 대부분의 전쟁은 다른 나라의 침략에 맞서 어쩔 수 없이 싸워야 했다는 점에서 평화를 목숨처럼 사랑한 우리 민족정신을 엿볼 수 있었다.

그리고 을지문덕의 살수대첩 그림은 금방이라도 말을 타고 내 앞으로 달려 올 것 같은 느낌이 들었다. 이렇듯 전쟁기념관 1전시실은 아주 오랜 옛날부터 시작된 전쟁의 역사가 시대별로 나와 있었다. 셋으로 갈라진 삼국시대부터 조금씩 변해 온 무기의 모습을 통해 우리 조상들이 어떤 무기를 가지고 싸워 왔는지를 어렴풋이 짐작할 수 있었고 수원에 있다는 화성을 본떠 만든 것은 옆에서 보기만 해도 아름다웠다. 어둠을 밝히는 조명등이 켜져 있어도 약간 어둡기는 했지만 우리나라에 그런 자랑스런 문화재가 있다는 사실이 뿌듯했다.

또, 조선 시대에는 내가 가장 좋아하는 이순신이 한산도 해전에서 왜군에 맞서 용감하게 싸우는 모습과 목소리를 같이 들으며 왜적과 싸우는 용감한 우리 수군의 모습을 그려 볼 수 있어 흥미로웠다.

그리고 6 · 25 전시실은 마치 영화관처럼 움직이는 병사들의 모습과 사진을 한눈에 살펴볼 수 있어 이해하기에 훨씬 편리했다. 아마 그런 것들을 진짜 그때 찍은 자료가 아닌 영화로 구경했더라면 별로라고 생각할 수 있었겠지만 빛바랜 그때의 흑백 필름 속에서 만나 본 여러 사람의 증언과 사진으로 만나는 6 · 25는 내가 생각했던 것보다 훨씬 비참한 모습을 담고 있어 전쟁이 얼마나 무서운 일인가를 똑똑히 가르쳐 주고 있었다.

하지만 6 · 25를 겪은 우리나라는 자유를 사랑하는 마음에서 월남전에 참가하여 자유를 지켜 주려 힘썼고 전쟁이 일어난 중동에 평화유지군을, 그리고 이라크에는 자이툰 부대의 파병을 통해 이제는 다른 나라의 도움을 기다리는 나라가 아니라 다른 나라에게 도움을 주는 나라로 발전한 것이 자랑스러웠다.

나는 오늘 나날이 발전을 거듭하는 우리 국군의 모습이 나와 있고 아주 오랜 옛날부터 오늘날에 이르기까지 갖가지 싸움에 대한 자료가 전시되어 있는 전쟁기념관을 돌아보며 내가 그동안 책속에서만 보아 온 무기를 직접 살펴볼 수 있었다. 그리고 전시관을 돌아보고 나오는 길에 살펴본 시계탑에는 어효선 선생님이 작사한 '꽃밭에서'란 노래의 가사와 함께 전쟁과 평화를 상징하는 쌍둥이 시계가 빨갛게 녹슨 무기 더미 위에서, 아래쪽의 시계는 50년 6월 25일 4시에 맞추어진 채 움직일 줄 몰랐고 위쪽 시계는 지금의 시간을 나타내 주고 있었다. 정문 앞에는 박경석이 지은 '서시'가 적혀 있어 북한 공산군의 침략을 물리친 선열들의 조국애와 한마음이 되어 나라를 지킨 사람들이 금방이라도 나에게 다가올 것 같은 착각이 들기도 하였다.

나는 오늘 여러 개의 전시실로 나뉘어져 있는 전쟁기념관을 돌아보며 나라 사랑에 가슴이 뜨거워졌다. 아직도 우리나라는 남과 북으로 갈라진 채 살아가고 있지만 고구려 장수왕이 아버지의 업적을 기리기 위해 세운 광개토대왕릉비와 고구려 전성기의 영역 지도를 보면서 우리 조상들의 숨결 어린 땅을 자기의 땅이었다고 우기는 중국을 떠올리며 이웃나라의 역사 침략도 총 없는 전쟁이라는 생각이 들었다. 나는 우리 조상들이 피로써 지킨 우리나라의 역사를 바로 알고 지켜 나가는 그런 용감한 사람이 되고 싶은 마음을 안고 유엔 참전국의 국기와 우리 군대에서 불어오는 산들 바람 따라 힘차게 손을 흔드는 전쟁기념관을 걸어 나왔다.

우주를 날다

도 그처럼 수많은 별 중의 하나라지만 내가 사는 지구보다 훨씬 큰 별들이 많이 있는 우주를 여행한다는 것은 아무리
떨리는 일입니다. 우리나라에서도 몇 년 전 무궁화 인공위성을 하늘을 향해 쏘아 올렸다지만 앞으로 우주 개발에 보
관심을 갖고 연구하는 사람들이 많이 늘어나 미국이나 러시아처럼 우리 기술로 우주를 왕복하는 우주 왕복선을 우주를 향
올리는 그날이 어서 빨리 다가온다면 내가 생각하는 우주여행도 그만큼 빨라질 것 같은 생각이 듭니다. 만약 그렇
면 우주 왕복선의 승객이 되어 은하철도 999에 나오는 철이처럼 저 머나먼 우주를 마음껏 여행할 수 있을 테니 말입니

국민경제과학만화독후감 전국대회 (초등부)
(사)국민경제과학만화운동본부, 산학연종합센터 주최
교육인적자원부, 과학기술부, 한국경제신문 외 후원

최우수상
2004 2학년 때

산업자원부장관상

우주를 날아가고 싶은 나의 꿈을 떠올리며
-『이공계가 짱으로 선진국 가자』를 읽고

나는 유리창 밖으로 보이는 유달산이 어느새 분홍빛 옷을 갈아입은 모습을 보다가 책상 앞에 놓인 이 책을 읽어 보게 되었다.

벌써 세 권이나 국민 경제 과학 문고를 읽어 보았지만 이 책은 앞으로 왜 우리가 이공계를 살려 나가야 하는지에 대한 해답이 들어 있어 눈을 크게 뜨고 이 책을 읽으며 오영재라 불리는 형을 만날 수 있었다. 이제 중학생인 영재 형은 참 이상했다. 하늘에서 비가 내리지 않아도 항상 우산을 가지고 다니는 것이 다른 사람과 달라 보였다.

나는 오피스텔을 찾아 가다가 갑자기 비가 내리자 우산을 재빨리 꺼내 쓰고 처음 보는 누나를 놀려 주는 영재 형이 조금은 얄미워 보이기도 했다.

나는 영재 형의 아버지가 대한민국을 이끌 훌륭한 과학자가 되려는 꿈을 가지고 공대로 진학했지만 그것보다는 자신이 하던 일을 이어받기를 고집하는 아버지와 서로 다투는 것이 안 되어 보였고 영재가 과학고가 아닌 공고로 진학하겠다는 것을 보고 그 아버지에 그 아들

같다는 생각이 들었다.

과학고는 기숙사에서 학교를 다니기 때문에 혼자 계신 어머니 때문에 공고에 가기로 한 영재는 마음씨도 착했으나 엄마 역시 욕심을 부리지 않고 영재의 뜻에 따라주는 것이 좋아 보였다.

이제 초등학교 2학년인 나도 우주에 관심이 많은 편인데 어두운 밤하늘을 가만히 쳐다보고 있으면 어딘가에 나와 똑같은 모습의 사람이 살고 있을 거라는 희망에 들떠 반짝이는 별을 몇 번이나 쳐다보곤 하였다.

나는 오늘 이 책을 읽으며 한국의 이공계를 짊어지고 가겠다고 말한 다섯 명이 다음에 큰일을 해낼 것 같은 생각이 들었다.

그런데 내 생각을 어떻게 알았는지 서해안 앞바다의 작은 섬에서 국내 최초의 액체 추진제 로켓을 쏘아 올려 성공을 거두고, 로켓을 연구하다가 사고로 숨진 아버지를 대신해 작은 아버지가 우리나라 최초의 우주인이 된 것이 너무도 놀라웠다.

그래서 드넓은 우주에 관해 갖가지 생각을 해 온 과학자들이 파란 하늘에 인공위성을 쏘아 올렸지만 그것은 겨우 시작인 것 같았다. 무궁화나 우리별 같은 인공위성을 고생 끝에 만들고도 그것을 쏘아 올릴 수 있는 로켓 개발이 늦어져 다른 나라에 인공위성을 만드는 것보다 더 많은 돈을 주고 발사한 것이 안타까웠다.

나는 우주 공학을 공부하던 영재가 우리의 힘으로 우주를 향해 날아가는 우주선의 첫 번째 우주 비행사가 된 것이 부러웠고 발사 10일

전에 대통령 전용기를 타고 나타난 장리듬을 발견하고 영재 형은 너무 기뻤을 것 같았다.

우리나라를 대표하여 한국 최초의 유인 우주선 비행사를 꿈꾸던 영재 형과 리듬 누나가 태극호를 타고 국제 우주 정거장에서 7일간 특수 실험을 하고 특별 강의까지 했으나 임무를 마치고 외나로도 우주 센터로 돌아오다가 내열 타일 몇 장이 뜯겨져 나간 사고가 일어나자 이 책을 읽어가던 내 가슴이 조마조마했다.

나는 오늘 우주 영웅들이 주어진 일을 마치고 돌아와 한국 우주 과학사의 새로운 첫 장을 연 것처럼 이공계가 우리의 미래를 이끈다는 사실을 다시 한 번 알았고, 이공계를 살리려면 지금보다 훨씬 많은 투자도 중요하지만 우수한 인재들이 과학 기술의 꽃이라 불리는 우주 산업의 개척자가 되어 지금은 물음표가 떠다니는 우주 공간을 우리 삶의 터전으로 정성껏 가꾸어 나갈 때 우리의 우주 산업도 눈부시게 발전한다는 것을 알 수 있었다.

내가 독후감을 쓰고 있는 지금 이 시간에도 유리창 밖에는 수없이 많은 별들이 나를 내려다보며 손짓해 부르는 것 같다.

언젠가는 내가 찾아가야 할 저 넓은 우주를 자신감에 가득 찬 얼굴로 찾아가기 위해서는 초롱초롱한 눈망울을 굴리며 열심히 공부하여 이공계를 가야 한다는 것을 이 책에 나오는 영재 형과 리듬 누나는 나에게 말해 주고 있었다.

제4회 전국 독서 · 속독 경시대회 (독후감부문)
대한논리속독연구학회 주최
교육인적자원부, 문화관광부 후원

금상
2003 1학년 때

우리 풀을 사랑하고 싶어요
– 『풀과 친구하기』를 읽고

나는 『풀과 친구하기』란 책을 읽기 전에는 추운 겨울이 지나고 따스한 봄이 찾아오면 길가에 고개를 내밀기 시작하는 풀이 아무런 필요가 없는 것이라 생각했다.

하지만 그런 풀이 때로는 사람의 아픈 곳을 치료해 주는 약초가 되기도 하고 우리가 마시는 깨끗한 공기를 만들어 준다는 것을 알고 풀이란 아무짝에도 쓸모없는 것이 아니라 우리 생활에 꼭 필요한 것이라는 생각이 들었다.

나는 찬바람 부는 겨울이 찾아오면 스스로 이파리를 떨어뜨려 나무속의 수분을 보호하는 나무처럼 땅바닥에 납작 엎드려 추위를 참아내는 로제트도 있고 추운 날씨에 대비해 겨울눈을 만들거나 씨앗을 만들어 새 봄이 찾아오기를 기다리는 친구들도 있다는 것을 알 수 있었다.

나는 이 책을 읽기 전까지만 해도 별꽃으로 불리는 꽃의 꽃잎이 꼭 열 장 같았는데 자세히 살펴보면 다섯 장이라는 것을 알고 깜짝 놀라지 않을 수 없었다. 그냥 얼핏 보면 꼭 열 장처럼 보이는데 그게 다섯 장이라니 이 책을 읽어가는 내가 꼭 무슨 수수께끼 문제를 푸는 것만 같았다.

그리고 풀을 이용해 소리 나는 피리를 만들거나 토끼풀로 화관을 만들기도 하고 질경이 줄기로 싸움을 하는 그림을 보고 나도 시골에 가면 꼭 한번 따라해 보고 싶은 욕심이 생기기도 했다.

나는 오늘 『풀과 친구하기』란 이 책을 읽고 얼핏 보면 모양이 비슷해 보여도 다시 한 번 자세히 살펴보면 서로 조금씩 다른 것이 있다는 것은 그만큼 정확히 관찰해야만 알 수 있을 것 같다는 생각이 들었다.

이제 나도 시골에 가면 길가에 돋아난 여러 가지 풀을 자세히 살펴보아야겠다. 그래서 길가에 돋아난 풀이름도 떠올려 보고 그 쓰임새도 알아 가면서 언제나 잊지 않고 돋아나는 우리 풀을 좀 더 아끼고 사랑하는 마음씨를 가진 착한 어린이가 되고 싶었다.

제24회 한일 양국 아동작품교류전시회 (글부문)
한일여성친선협회 주최

입선
2003 1학년 때

우주여행

나는 커서 어른이 되면 멋진 우주여행을 하고 싶습니다.

지금도 어두운 밤하늘에 반짝 반짝 빛나는 별을 한참 동안 바라보고 있으면 저 많은 별 중에서 나와 같은 모습을 한 사람이 어느 별에선가 살고 있을 것 같은 상상의 날개를 펼쳐보곤 합니다.

지구도 그처럼 수많은 별 중의 하나라지만 내가 사는 지구보다 훨씬 큰 별들이 많이 있는 우주를 여행한다는 것은 아무래도 가슴 떨리는 일입니다.

우리나라에서도 몇 년 전 무궁화 인공위성을 하늘을 향해 쏘아 올렸다지만 앞으로 우주 개발에 보다 큰 관심을 갖고 연구하는 사람들이 많이 늘어나 미국이나 러시아처럼 우리 기술로 우주를 왕복하는 우주 왕복선을 우주를 향해 쏘아 올리는 그날이 어서 빨리 다가 온다면 내가 생각하는 우주여행도 그만큼 빨라질 것 같은 생각이 듭니다. 만약 그렇게만 된다면 우주 왕복선의 승객이 되어 은하철도 999에 나오는 철이처럼 저 머나먼 우주를 마음껏 여행할 수 있을 것입니다.

내가 볼 때 우주는 정말 커다란 것 같습니다. 『우주의 신비』라는 과학책을 읽어 보니 우주에는 수억 개나 되는 별들이 모여 있다고 그러는데 이제 그러면 내가 어렸을 때 할아버지가 원두막에서 들려주신 견우와 직녀가 칠월 칠석에 만난다는 이야기도 토끼가 방아를 찧는다는 달 이야기도 이제는 모두 없어지고 말 것입니다.

어두운 밤하늘에서 반짝 반짝 빛나는 별을 한참 동안 바라보고 있으면 마치 별들이 나에게 어서 오라고 손짓하는 것 같아 보입니다.

내가 자라 어른이 되면 자기를 잊지 말고 찾아오라고 별들이 오늘도 나를 향해 손짓하는 것만 같습니다.

참으로 신비스러운 우주, 아마 미국의 우주 왕복선 콜롬비아호가 사고로 인해 폭발하지만 않았더라도 좀 더 빨리 우주여행의 꿈을 이룰 수 있었겠지만 나는 오늘도 눈을 감고 꿈을 꾸어 보겠습니다. 지금은 마음대로 갈 수 없는 저 먼 우주를 향해 날아가는 우주 왕복선의 승객이 되어 있는 내 모습을 말입니다.

까만 어두움이 차츰 물들어가는 저녁 어디선가 별이 부르는 소리가 들리는 것 같아 유리창을 열고서 밤하늘에 반짝이는 별들을 다시 한 번 쳐다보았습니다.

전국민 과학독서인증제 오픈 기념 독후감대회
(아동부문)
한국과학문화재단 주최

우수회원상
2003 1학년 때

우리 물고기를 아껴주고 싶어졌어요
– 『미산 계곡에 가면 만날 수 있어요』를 읽고

나는 이 책의 제목을 보고 미산 계곡이 도대체 어디 있을까? 몹시 궁금한 생각이 들었다.

하지만 이 책을 읽어가다 보니 내가 그처럼 궁금해 하던 미산 계곡이 강원도 깊은 산 속에 자리 잡고 있으며 바위틈에서 퐁퐁 솟는 옹달샘과 풀뿌리를 적시며 흐르는 작은 물줄기들이 한데 모여 이루어진 아름다운 계곡이라는 것을 알았다. 또 그 물이 자꾸만 흐르고 흘러 북한강과 한강으로 흘러간다는 것을 알 수 있었다.

나는 미산 계곡의 물이 얼마나 깨끗한지 강바닥의 모래 알갱이가 모두 들여다보이고 그 속에 살고 있는 아름다운 민물고기까지 모두 볼 수 있다는 것이 신기해 보였다.

그러나 물고기를 만나기 위해서는 미리 준비가 필요하다는 것과 물고기를 함부로 잡지 말아야 한다는 것을 배울 수 있었다.

그런데 우리나라에서 가장 많은 물고기는 피라미인데도 미산 계곡에서 가장 많이 볼 수 있는 물고기는 갈겨니이며 눈이 커다랗고 검어서 눈검정이라고 부른다는 것도 알 수 있었고, 알을 낳을 때가 되면 수컷이 혼인색을 띠고 몸 색깔이 화려해진다는 것이 신비스러워 보였다.

내가 이 책을 읽어가다 보니 미산 계곡에는 돌고기라 불리는 물고기도 살고 있었고, 물속에 사는 물고기는 콧구멍이 있어도 코로 숨을 쉬지 않고 아가미로 숨을 쉬며 물의 흐름이나 세기를 옆줄로 느낀다는 것을 처음 알았다.

그리고 바닥을 좋아하는 물고기는 모래무지나 새코미꾸리, 참종개라는 것을 알 수 있었는데 미산 계곡에는 비가 오면 물고기들이 거센 물살에 휩쓸리지 않으려고 물살이 느린 계곡 가장자리에서 큰물이 지나가기를 기다린다는 것을 알고 물고기들이 사람보다 지혜롭다는 생각이 들었다.

나는 오늘 이 책을 읽고 미산 계곡에 꼭 한번 가보고 싶다는 생각이 들었으며 이런 물고기뿐만 아니라 미산 계곡에는 계절 따라 피고 지는 각종 꽃과 열매들도 많다는 것이 나를 흥미롭게 만들어 주었다.

더구나 미산 계곡에는 우리나라의 천연 기념물인 열목어가 살고 있고 어름치도 살고 있다는 것을 알고 이처럼 귀중한 물고기들이 서로 어울려 살아가는 미산 계곡을 앞으로도 더욱 아껴 나가야 한다는 생각이 들었다.

그냥 파괴하기는 쉽지만 보전하기에는 힘이 드는 우리 자연을 더욱 아끼고 사랑하는 것이 얼마나 필요한지를 이 책을 읽으며 알 수 있었다.

우리나라에는 이밖에도 아름다운 물고기가 많이 살고 있지만 도로 공사나 개발로 인하여 우리 물고기가 사는 곳이 점점 줄어들고 있다는 것이 안타까웠다.

그러므로 앞으로도 미산 계곡에 사는 쉬리며 열목어, 어름치를 만날 수 있는 그곳을 소중히 아껴 나갈 때 이 책에서 만난 갈겨니와 같은 여러 민물고기들이 나를 보며 환하게 웃어 줄 것만 같았다.

제5회 전국 독서 · 속독 경시 대회 (독서부문)
대한논리속독연구학회 주최
동아일보사 후원

동상
2004 2학년 때

나도 개미를 길러 보고 싶어요
- 『개미의 세계』를 읽고

나는 길가에 코스모스 꽃이 예쁘게 웃고 있는 오늘, 웅진 출판에서 나온 과학 앨범 중의 한 권인 『개미의 세계』를 읽어 보았다.

나는 여러 가지 곤충 중에서도 어디서나 볼 수 있는 개미를 무척 좋아한다.

그런데 추운 겨울에는 모습조차 볼 수 없던 개미가 따뜻한 봄이 되면 어디선가 하나 둘 나타나는 걸 보면 정말 신기하기 이를 데 없었다.

크기가 작으면서도 정말 부지런한 개미는 자기 몸집보다 서너 배나 큰 벌레한테도 함부로 덤벼드는 걸 보면 개미가 겁이 전혀 없는 것인지 아니면 그처럼 용감한 것인지 나는 쉽사리 분간할 수가 없다.

맛있는 먹이를 발견하면 자기 혼자 먹지 않고 집으로 가져 와 집에 있는 여왕개미나 일개미에게 나눠 준다는 것을 알게 되면서 사탕을 가지고 서로 많이 먹겠다는 싸우는 내가 서로 나눠 먹을 줄 아는 마음씨를 본받아야만 할 것 같았다.

나는 개미 중에서도 제일 으뜸인 여왕개미를 위해 등에 날개가 달린 수개미들이 출입구 가까이에서 기다리다가 여왕개미를 둘러싸고 결혼비행을 시작한다는 것이 정말 신기해 보였다.

또, 모든 개미의 엄마인 여왕개미는 일생 동안 무려 십만 개가 넘는 알을 낳고 수개미는 집안에서 일개미들이 먹여 주는 먹이만 받아먹다가 결혼비행이 끝남과 동시에 여왕개미를 위해 죽어야 하는 모습이 안타까워 보였다.

나는 오늘 이 책을 읽고 개미는 색깔이 검은색으로 화려하지 않아 사람들 눈에 잘 띄지는 않지만 우리와 같이 항상 친한 곤충이기 때문에 언제든지 친구 삼아 재미있게 놀 수 있다는 사실을 알고 이제 추운 겨울이 지나고 따스한 봄이 찾아오면 속이 훤히 들여다보이는 빈병 속에 부지런한 개미를 꼭 한 번 길러 보고 싶은 욕심이 자꾸 생겼다.

제4회 전남 과학축전 탐구마당

(미래과학 상상 글짓기 부문)

전라남도교육청 주최

대상
2006 4학년 때

미래의 나의 생활

지금은 서기 2030년이다. 세상은 눈부실 정도로 변화를 거듭하여 불과 20년 전에는 과학책에서나 보아 온 꿈같은 일들을 지금은 눈앞에서 볼 수 있고 뛰어난 의학 기술 덕분에 냉동에서 깨어난 나를 당황하게 만들어 버렸다.

이제 국제사법재판소의 판결로 완전한 우리 땅이 된 독도 앞바다에서는 제3의 연료인 하이드로이드를 에너지로 바꾸어 사용하고 있었고 바다 속에는 해저 농장이 생겨나 부족한 식량 자원 해결에 한몫을 다하고 있었다. 또, 학교 다닐 때 내 꿈을 키워 준 달에는 우주 공장이 세워져 지구에서 만들기 힘든 약품을 진공 상태에서 만들어 내는가 하면 가정에서는 여러 일을 해내는 인공지능 로봇과 전자동 오토 시스템이 설치되어 집에서도 회사의 모든 사무를 처리하는 편리한 세상이 되어 있었다.

나는 너무 많이 변해 버린 세상을 좀 더 배우기 위해 여행을 떠나기로 마음먹고 자동 체온 조절기가 부착된 옷을 걸친 채 집을 나섰다.

내가 해저터널의 완공으로 육지나 다름없다는 제주도에 가기 위해 자기 혼자 알아서 움직이는 보도 앞에 설치된 컴퓨터에 전자화폐 기능까지 하는 전자 신분증을 대었더니 1분도 안 되어 전자 택시가 그림처럼 달려오는 것을 보고 깜짝 놀랐다.

더구나 전자 택시는 내 앞에 멈춰서 문이 저절로 열려 내가 안전하게 승차하기까지 기다려 주었다. 정말 더없이 편리한 세상이었다. 예전에는 운전사가 깜박 졸거나 술에 취한 상태로 운전하다가 끔찍한 사고를 일으키곤 하였으나 자동차에 부착된 자동 제어 장치와 방향 레이더에 의해 운전사 없이 도로를 달려가는 자동차에 몸을 실은 나는 꿈을 꾸고 있는 것 같았다.

내가 5분쯤 소형 전자 택시를 탔을까? 달리던 차가 멈추고 문이 서서히 열리자 제주로 가는 열차를 탈 수 있는 목포역에 닿았다는 사실을 알았다.

설렘에 들뜬 나는 전자 신분증 화폐를 이용해 탑승권을 구입한 다음 총알처럼 생긴 자기부상 열차에 몸을 실었다. 세상에 태어나 처음으로 자기부상 열차에 오른 나에게는 놀라움의 연속이었다. 전기가 아닌 자기장의 성질을 이용해 움직이는 열차가 내가 몇 번 타 본 초고속 열차보다 훨씬 빠른 시속 500km라는 엄청난 속력으로 15분 만에 제주도에 나를 실어다 준 사실이 꿈만 같아 죄 없는 볼을 몇 번이나 꼬집어보았다.

그리고 자기부상 열차가 지나는 해저터널 옆에는 크고 작은 해저 주택과 아파트가 들어서 있었고 우리가 필요로 하는 식량의 대부분을 육지가 아닌 바다 속에서 생산해 내고 있는 것을 살펴보더라도 우리에게 있어 해저 농장의 구실은 대단한 것이었다. 예전에는 그저 바다에서 저절로 자란 어패류를 손으로 잡고 그물로 건져 올리는 어업을 했으나 2030년인 오늘날에는 갓 부화된 어린 치어를 바다에 놓아기르며 여러 가지 해산물을 밭에서 기르는 채소처럼 정성들여 가꾸는 모습을 볼 수 있었다.

나는 인류 앞에 닥친 식량 자원 생산지로 등장한 바다 속에서 새로운 에너지와 생활에 필요한 식량 자원을 생산해 내는 모습을 훔쳐보면서 가고 싶은 곳을 빠르게 갈 수 있는 자기부상 열차가 가장 편리한 교통수단이 된 것을 알았다.

그리고 국토의 삼면을 둘러싼 바다 속 곳곳에 해저 주택을 만들어 주택 부족 문제를 해결하는 열쇠가 되었음을 여행을 통해 피부로 느끼면서 상상에 불과했던 꿈같은 일들이 가슴 벅찬 현실로 이루어질 수 있었던 가장 큰 힘은 밤새워 연구에 몰두한 과학자들의 끊임없는 노력에서 비롯된 것에 고마움을 느끼며 해저 터널을 힘차게 달려 나가는 자기부상 열차 침대칸에 드러누워 행복한 꿈속에 젖어 들었다.

너는 할 수 있어

들은 흔히 말씀하십니다. 저처럼 어린 나이에는 무엇이든 열심히 노력하면 원하는 대로 이룰 수 있다고 말입니다. 하지
는 간단해 보이는 그 말이 실천하려고 하면 무척 힘든 말이 되고 맙니다. 다른 친구들이 신나게 놀고 있을 때 책상 앞
공부를 하는 것은 정말 힘이 듭니다. 하지만 "너는 할 수 있어" 라는 한마디는 기적을 부르는 글자 같습니다. 저는 그래
일이든지 하면 된다고 생각합니다. 다른 사람이 하기 힘들어 하는 일을 나 혼자 이루어 냈을 때는 내가 무언가를 해냈다
을 느낄 수 있습니다. 그래서 제가 기말 고사를 망쳐 고개를 수그리고 있을 때 선생님이 저에게 들려주신 "너는 할
" 라는 말을 책상 앞에 매직으로 크게 써서 붙여 놓고 게으른 생각이 저를 찾아 올 때마다 소리 내 읽어보며 용기를 얻
다.

제11회 우체국 예금 보험 어린이 글짓기 행사
우정사업본부 주최

입선
2003 1학년 때

나의 꿈

이제 1학년이 된 나에게,

"네 꿈은 무엇이니?"

하고 누군가가 물어 온다면 나는 망설임 없이 문학가가 되겠다고 말할 것입니다.

내가 이런 꿈을 갖게 된 것은 스토우 부인이 쓴 『엉클 톰의 오두막집』이란 동화책을 읽고 난 다음부터였습니다.

총이나 칼로도 하기 힘든 일을 가장 손쉬운 글로 나타낼 수 있었던 스토우 부인의 이야기를 통해 노예 해방이란 어려운 문제 앞에서 둘로 나눠진 미국을 하나로 통일할 수 있었던 것은 목숨을 위협하는 칼이 아니라 여러 사람의 마음을 울려 주는 한 편의 글이었다고 나는 생각되었습니다.

그래서 나는 교내는 물론 학교 밖에서 열리는 여러 가지 행사에 적극적으로 참여하고 있습니다. 때로는 잔뜩 기대를 하고 있던 나에게 실망을 안겨 준 대회도 많았으나 나는 그걸 통해 달콤한 열매라는 것은 자기가 노력한 만큼밖에 거둘 수 없다는 걸 알았습니다.

그런데 얼마 전 향토문화관 뜰에서 있었던 제8회 서남 어린이 백일장 대회에서는 최우수상을 타리라고 상상하지도 못한 채 그저 입선이라도 했으면 좋겠다는 바람을 갖고 있었는데 갑자기 서남방송에서 인터뷰를 한다는 소식을 듣자 내 작은 가슴이 마구 두근거렸습니다.

'그래 나도 할 수 있구나.'

항상 나보다 글 잘 쓰는 형이나 누나들을 은근히 부러워했던 나는 그때부터 어른이 되면 문학가가 되어야겠다고 다시 한 번 다짐할 수 있었습니다.

그러나 꿈이란 아무런 노력도 없이 저절로 이루어지는 것이 아니라 꾸준한 노력이 있어야만 그 꿈이 현실이 된다고 나는 생각합니다.

할머니처럼 자상하신 우리 선생님께서는,

"좋은 글을 쓰려면 많이 읽고 많이 쓰고 많이 생각하는 길밖에 없단다."

라고 말씀해 주셨지만 나는 앞으로도 좋은 책을 많이 읽어서,

"대원이는 꼭 훌륭한 문학가가 되어 노벨문학상을 받을 수 있을 거야."

라고 입버릇처럼 말씀하시는 선생님들의 기대에 어긋나지 않도록 글을 계속 쓰겠습니다.

그래서 내가 쓴 한 편의 글이 마음이 가난한 사람들의 가슴에 하나의 초록빛 희망을 심어 주고 자유를 잃어버린 사람들의 가슴 속에

잃어버린 자유를 되찾아 줄 수 있도록 누구에게나 감동을 불러일으킬 수 있는 글을 써서 휴전선 너머로 날려 보내고 싶어집니다.

제24회 국민독서경진대회
새마을문고 목포시지부 주최

우수상
2004 2학년 때

지혜로운 사람이 되고 싶어요
-『돌배와 모래밧줄』을 읽고

나는 책읽기를 무척 좋아한다. 그래서 밥을 먹으면서도 책을 읽는다고 어머니께 꾸중을 듣기도 하지만 책은 나에게 많은 것을 가르쳐 주는 선생님 같다는 생각이 든다.

2학기가 시작되어 내가 읽어 본 『돌배와 모래밧줄』이란 책속에 들어 있는 이야기가 모두 재미있고 흥미로웠으나 그중에서도 가장 교훈적인 것은 세 마리 개구리 이야기였다.

마치 장난을 좋아는 나처럼 높이뛰기를 연습하던 세 마리의 개구리가 장난을 치게 된 것까지는 좋았으나 실수로 큰 우유통 속에 빠지고 말았을 때 눈을 크게 뜨고 이 책을 읽어 가던 나는 눈앞이 캄캄해지고 말았다.

이렇게 되자 사방을 둘러보아도 우유통 속에서 빠져 나갈 길이 없어 보여 첫 번째 개구리는 아예 편히 죽겠다고 생각해 꼼짝도 하지 않고 있다가 죽어 버린 것이 무척이나 어리석어 보였다.

그리고 두 번째 개구리 역시 바동거리다가 죽고 말았을 때 나는 이제 홀로 남겨진 세 번째 개구리만이라도 우유통 속에서 살아 나오기를 두 손 모아 빌어 주고 싶었다.

그런데 세 번째 개구리는 우유통에 빠지는 그 순간부터 무언가 잘못되었다는 것을 알고 마지막 순간까지 길을 찾아 노력해야 된다는 것을 깨닫는데 이것이 다른 개구리와 달라 보였다.

물론 힘은 들었겠지만 쉬지 않고 몸을 움직여 헤엄도 치고 우유통을 돌아다니다가 우유가 식으면서 생긴 버터 덩어리를 밟고 우유통 밖으로 나온 세 번째 개구리에게 나는 힘찬 박수를 보내 주고 싶었다.

나는 오늘 이 책을 읽고 사람도 개구리처럼 어떤 어려운 일이 생길 때 그걸 해결하려고 노력하지도 않고 그냥 있으면 아무것도 해결할 수 없지만 침착하게 방법을 찾아 나가다 보면 어디엔가 길이 있다는 것을 알 수 있었다.

나도 앞으로 수학 문제를 풀다가 아무리 생각해도 답이 쉽게 안 나오더라도 절대로 실망하거나 무조건 못하겠다는 잘못된 생각을 갖기보다는 세 번째 개구리처럼 내가 스스로 풀어 나갈 수 있는 좋은 방법을 찾아 낼 줄 아는 지혜로운 어린이가 되고 싶었다.

제4회 잊을 수 없는 말 한마디 공모대회
한국인성교육개발지도봉사단 주관

최우수상
2005 3학년 때

선생님이 들려주신 "너는 할 수 있어"

어른들은 흔히 말씀하십니다. 저처럼 어린 나이에는 무엇이든 열심히 노력하면 원하는 대로 이룰 수 있다고 말입니다.

하지만 말로는 간단해 보이는 그 말이 실천하려고 하면 무척 힘든 말이 되고 맙니다. 다른 친구들이 신나게 놀고 있을 때 책상 앞에 앉아 공부를 하는 것은 정말 힘이 듭니다.

하지만 "너는 할 수 있어"라는 한마디는 기적을 부르는 글자 같습니다.

저는 그래서 무슨 일이든지 하면 된다고 생각합니다. 다른 사람이 하기 힘들어 하는 일을 나 혼자 이루어 냈을 때는 내가 무언가를 해냈다는 기쁨을 느낄 수 있습니다.

그래서 제가 기말 고사를 망쳐 고개를 수그리고 있을 때 선생님이 저에게 들려주신 "너는 할 수 있어"라는 말을 책상 앞에 매직으로 크게 써서 붙여 놓고 게으른 생각이 저를 찾아 올 때마다 소리 내 읽어 보며 용기를 얻곤 합니다.

이렇게 "너는 할 수 있어"라는 말 한마디는 학원에도 안 가고 집에서 혼자 수학경시대회를 준비하던 저에게 모든 것을 할 수 있다고 생각하면 불가능할 것 같았던 일도 가능하게 되지만, 안 된다는 말은 실패를 부르는 잘못된 말이라는 것을 가르쳐 주었습니다.

저는 선생님이 들려주신 그 말씀을 통해 사람이 왜 긍정적으로 살아야 하는지를 알 수 있었습니다. "너는 할 수 있어"라는 말 한마디로 인해 저는 산처럼 높아 보이던 수학경시대회에서 우수한 성적을 거두어 저는 물론 우리 학교의 이름을 빛낼 수 있었고 글짓기 대회에서도 장관상을 세 번이나 받을 수 있었습니다.

앞으로도 저는 "너는 할 수 있어"라고 저에게 용기를 북돋아 주신 박호순 선생님의 자상한 얼굴을 떠올리며 저에게 주어진 모든 일에 있어 더욱 열심히 노력하는 개미처럼 부지런한 어린이가 되려고 합니다.

제6회 사랑의 편지 쓰기 행사
목포투데이신문사 주최

대상
2006 4학년 때

고마우신 안은정 선생님께

선생님! 안녕하세요?

유리창만 열면 나에게 가까이 다가오는 유달산이 파란 옷을 갈아입은 모습을 물끄러미 보고 있으니 선생님 얼굴이 동그랗게 떠올랐어요.

때로는 시험을 잘 보았다고 아이스크림을 먹으며 공부한 것이 엊그제 같은데 제가 4학년이 된 지도 세 달이 되어 가는 걸 보면 시간이 정말 빠른 것 같아요.

선생님!

지난 1년 동안 저희들을 가르치시느라 많이 힘드셨지요.

선생님의 말씀을 잘 듣는 친구들도 있었지만, 숙제도 안 해 오고 말썽만 피우는 친구들 때문에 감기에 걸린 선생님의 모습을 보고는 마음이 아팠답니다.

저도 공부는 물론 글짓기를 열심히 하려고 노력을 많이 했는데 그 덕분에 여러 행사에서 많은 상을 받아 학교 이름을 빛내고 선생님께 잘했다는 칭찬을 받을 때는 기분이 정말 좋았어요.

선생님!

아직도 저는 가끔씩 1년 전의 일들이 영화를 보는 것처럼 떠오르곤 해요.

언제나 이쁜이 선생님이란 별명처럼 발표를 잘하는 어린이가 되기를 바라는 마음으로 일주일에 한 번씩 발표왕을 뽑아 우리들에게 발표하는 기쁨과 누구든지 노력하면 잘할 수 있다는 자신감을 선물해 주셨던 선생님의 사랑을 영원히 잊지 못할 거예요.

선생님!

아직은 우리 학교에 계시기 때문에 멀리서 선생님 얼굴을 보고 달려가서 인사를 하면 반갑게 웃으시며 머리를 쓰다듬어 주시는 선생님을 보면 하루 종일 기분이 좋답니다.

저는 올해에도 더욱 열심히 공부하고 모든 일에 앞장서면서 먼 훗날 제가 꿈꾸는 검찰총장이 되기 위해 꾸준히 노력하는 사람이 되고 싶어요.

그럼 아직도 하고 싶은 말은 많지만 또다시 3학년을 가르치게 된 선생님이 동생들을 저희들에게 하셨듯이 발표 잘하고 자신감 넘치는 어린이로 만들어 주시길 바라며 오늘은 이만 줄이겠습니다.

선생님! 다음 소식 전할 때까지 안녕히 계세요.

2006년 5월 4일

이쁜이 선생님을 생각하는 전대원 올림

제4회 교과서 관련 수필 공모 (초등부)
한국교과서연구재단 주최
교육인적자원부 후원

장려상
2006 4학년 때

추억이 들어 있는 교과서를 생각하며

언제나 12월이 다가오면 기다려지는 것이 있다. 지나온 1년을 끝마치면서 새 학년이 되어 배우게 될 교과서를 새로 받기 때문이다.

나는 선생님이 나눠 주신 교과서를 한 장씩 넘겨보면서 내년에는 무엇을 배우게 될지 살펴볼 때마다 눈동자가 점점 커지기 시작한다.

그런데 우리 반에는 말썽을 잘 피우기로 알려진 성진이란 친구가 있다. 내가 볼 때 성진이는 마음씨가 그렇게 나쁜 아이가 아니지만 가끔씩 덜렁대는 버릇이 있는 그런 친구이다. 그래서 체육 시간에 미끄럼틀에 잠바를 벗어 놓고 교실로 그냥 들어 왔다가 교실에서 잠바를 찾느라 한바탕 소동을 벌이기도 하고 책상 속에 놓아 둔 필통이 없어졌다고 오리처럼 소리를 꽥꽥 지르며 교실 안을 온통 휘저어 놓기도 한다.

이 일은 추석을 며칠 앞둔 작년 9월 중순경에 있었던 일이다. 우리들은 책가방이 무겁다고 교과서를 일부러 교실 책상 서랍 속에 넣어두고 다니기도 하는데 성진이도 나랑 마찬가지였다.

수업 시작을 알리는 벨소리가 들리자 친구들은 미리 약속이나 한 듯이 교과서를 펴 놓고 선생님이 들어오시기를 기다리는데 성진이는 마치 똥이 마려운 강아지처럼 안절부절못하고 있었다. 나는 궁금해지기 시작했다. 도대체 성진이에게 무슨 일이 있길래 저러는 것인지 알 수가 없었기 때문이다.

그런데 때마침 교무실에 가셨던 선생님께서 수업 시작을 알리는 벨소리와 함께 교실로 들어오시는 바람에 나는 성진이가 그러는 까닭에 대한 물음표를 잠시 잊어버리고 말았다.

얼마나 시간이 지났을까?

숨소리조차 내지 않는 친구들이 칠판에 적힌 수학 문제를 열심히 풀어 가는데 갑자기 선생님께서,

"이성진!"

하고 부르는 소리가 들려 뒤를 돌아보았더니 뒷자리에 앉은 성진이 얼굴이 잘 익은 사과처럼 빨개지고 있었다. 꼭 무언가 나쁜 짓을 하다 들킨 것 같은 성진이 얼굴을 보니 잘못하다가는 유리창을 깨트린 성진이로 인해 지난번처럼 우리 반 전체가 벌 받는 것은 아닐까? 하는 걱정이 앞섰다. 아무래도 내 생각에는 교탁 옆에 걸어 둔 선생님의 회초리가 다시 한 번 춤을 출 것만 같았다.

선생님은 가느다란 대나무로 만든 회초리를 사랑의 매라고 부르시지만 조그만 잘못을 저질러 회초리를 두들겨 맞은 친구들이 아픔을 못 참은 채 흐르는 눈물을 옷소매로 훔치며 엉엉 우는 걸 보면 회초리

속에는 따스한 사랑이 들어 있는 것이 아니라 눈물이 들어 있다는 생각이 들곤 하였다.

그런데 성진이 이름을 부른 선생님께서,

"성진이는 공부 시간에 공부는 안 하고 왜 딴 짓을 하는 거니?"
하고 다시 물으시자 성진이는 잔뜩 풀이 죽은 목소리로,

"저어 수학 교과서가 없어졌어요."
하고 말하는 걸 듣고 왜 성진이가 수업이 시작되기 전에 안절부절못했는지 그 이유를 그제서야 알 것 같았다.

전쟁에 나가는 병사가 총이 없으면 적군과 맞서 싸울 때 세상에서 하나뿐인 소중한 목숨을 잃을 수도 있듯이 지금 학교에서 열심히 배워야 할 우리들에게 많은 지식을 가르쳐 주는 교과서는 총과 같다는 선생님 말씀이 그 순간 번개처럼 빠르게 머리를 스치고 지나갔다.

이날 수학 교과서를 잃어버린 성진이는 그 일로 인해 고약한 냄새가 코끝을 파고드는 화장실 청소를 한 달간이나 도맡아 하는 모습을 지켜보면서 나는 교과서가 목숨처럼 중요하다는 생각을 다시 한 번 해 보았다.

내가 날마다 학교에서 배우는 교과서에는 어려운 내용도 들어 있지만, 교과서는 내가 걸어가면 일부러 시키지 않아도 나를 따라 다니는 그림자처럼 학교에서나 집에서나 나와 떨어지지 않는 친구다.

나는 책을 소중히 여기시는 부모님 때문에 초등학교에 입학하면서 내가 배운 교과서와 공책을 한 권도 버리지 않고 차곡차곡 모아 두고

있어서 이제 그렇게 모인 교과서만 해도 상당히 많다. 창고를 정리하다가 몇 년 전 내가 배웠던 교과서를 발견하고 가만히 펼쳐 보면 그 속에는 내가 국어 시간에 써 놓은 동시도 들어 있고, 어려워 보이는 수학 문제를 끙끙대며 풀었던 추억이 몰래 숨어 있다가 오랜만에 다시 찾은 나를 웃음 짓게 만들곤 한다.

마치 여러 장의 사진으로 가득 찬 앨범 한 모퉁이에 들어 있다가 잠시 잊고 살아 온 일들을 기억나게 만드는 빛바랜 사진처럼 내가 살아 온 지난날과 다시 한 번 만나게 해 주는 손때 묻은 교과서는 지금의 나를 공부 잘하는 우등생으로 만들어 준 나의 소중한 친구이자 내가 모르는 것을 가르쳐 주는 고마운 선생님이다.

아름다운 세상

좋아하는 태국 아저씨 얼굴이 말씨가/ 조금 달라도/ 김치만 보면 맛있다고/ 엄지손가락 들어 보여요.// 내가 학교
/ 심심해 할 때면/ 친구처럼 놀아주는/ 태국 아저씨.// 친구들은 이상하다고/ 고개 갸웃거려도/ 나에게 친구 같은 아저
탄 얼굴이/ 어느 날부턴가/ 구름 낀 하늘처럼/ 어두워졌어요.// 자꾸 묻고 싶어도/ 말도 못했는데/ 밀린 월급 주기
아저씨가/ 월급 대신 불법 체류자라고/ 신고하려 한대요.// 돈 벌어 보겠다고/우리나라 찾아 왔는데/ 힘든 일 시키고/
안 준 채/ 겁을 잔뜩 주는지/ 내가 한국 사람이란 게/ 그 아저씨 얼굴 보면/ 부끄러워져요.

광주전남혈액원 개원 30주년 기념

헌혈 및 수혈 체험 수기 공모전

대한적십자사 광주광역시 전라남도 혈액원 주최

금상
2004 2학년 때

나도 헌혈하고 싶어요

우리 아버지는 다른 사람을 돕는 걸 무척 좋아하십니다. 그래서 얼굴 가득 걱정이 가득 찬 사람이 찾아오면 서재에 있는 책을 이리저리 찾아 가면서 그 사람의 어려움을 어떻게든지 해결하여 얼굴 한 쪽에 희망을 안겨 주려고 노력하십니다.

그런 아버지를 보고 어머니는 화를 벌컥 낼 때도 있습니다.

"아니 그걸 하면 누가 옷을 줘요, 밥을 줘요."

그때마다 아버지는 할 말이 없으신지 아무 말씀도 안하고 듣기만 하시지만 이제 초등학교 2학년이 된 나에게 가끔씩 다른 사람에게 희망을 주는 것은 밭에 씨앗을 뿌리는 것과 같다고 말씀하실 때도 있습니다.

아버지는 가끔씩 몸이 불편해 휠체어를 타신 분을 직접 집에 데리고 오셔서 맛있는 식사도 대접하시고 몸이 불편하신 분들이 무엇을 가장 고민하는지에 대해 이야기도 나누십니다.

그러나 나는 맨 처음에 그분들이 우리 집에 오실 때는 마치 못 볼 것을 본 것처럼 부끄러워 내 방에 숨어 버리곤 했는데 이제는 많이 보아서 그런지 몸을 꽈배기처럼 비비 꼬면서 떠듬떠듬 말씀하시는 상철이 아저씨와도 친한 친구처럼 잘 어울려 놀곤 합니다.

그런 아버지께서 작년부터 새로 시작하신 일이 한 가지 있습니다. 그것은 바로 헌혈입니다.

날이 갈수록 헌혈하는 사람들이 부족하여 혈액이 부족하다는 뉴스를 보고 아버지는 헌혈을 해야겠다고 말씀하셨습니다.

하지만 헌혈을 하러 간다고 아버지가 외출 준비를 하시자 걱정이 된 어머니는 자꾸만 말리셨습니다. 몸도 건강하지 않은데 헌혈은 무슨 헌혈이냐고 말입니다.

그러나 아버지는 웃으시며 말씀하셨습니다. 헌혈은 생각보다 두렵지도 않고 무서운 게 절대 아니라고 말입니다.

나는 그런 아버지를 보면서 과연 아버지가 정말 헌혈을 하고 오실는지 걱정이 되었습니다.

그런데 시내에 있는 적십자의 집에 들러 헌혈을 하고 오신 아버지는 헌혈을 하고 오셨어도 어디가 아파 보이는 것이 아니라 얼굴이 더 환해져서 돌아오셨습니다. 아버지의 그런 모습을 보니 나는 아버지가 자랑스러워졌습니다.

그러던 어느 날 아버지께서,

"대원아! 왜 아버지가 헌혈을 하는지 아니?"

하고 물으셨습니다.

나는 솔직히 그 이유를 몰라 고개를 가로젓고 말았습니다.

그러자 아버지께서는,

"헌혈이란 저축 같은 거야, 필요하면 언제든지 다시 찾아 쓸 수 있고 자기가 원하는 사람에게 대신 줄 수도 있거든."
하고 말씀하셨습니다.

그런데 얼마 전 신장병에 걸린 친구를 돕자는 운동이 벌어졌습니다.

그 친구는 몸속에 들어 있는 나쁜 피를 빼내고 새로운 피를 넣어야 살 수 있는데 새로운 피를 넣으려면 혈액 값이 너무 비싸서 한 번씩 수혈을 하려면 돈이 많이 든다고 하였습니다.

그 말을 듣고 떠오른 것이 아버지의 헌혈 증서였습니다. 비록 아버지의 혈액을 직접 줄 수는 없지만 아버지의 헌혈 증서를 줄 수 있다는 것이 다행일 것 같아 아버지께 말씀 드렸더니 좋은 일이라며 여섯 장의 헌혈 증서를 꺼내 주셨습니다.

물론 몸이 아픈 친구를 돈으로 도와주는 방법도 있지만 그보다는 헌혈을 통해 돕는다는 것이 얼마나 소중한 것인지를 나는 처음 알았습니다.

몸이 불편하신 분들을 도와준다고 하여 돈이 생기는 것도 아니고 헌혈을 열심히 한다고 누가 알아주는 것도 아니지만 몸이 불편한 이웃을 위해 오늘도 힘쓰시는 아버지가 나는 대통령 아저씨보다 훨씬 더 자랑스럽습니다.

나는 지금 나이가 어려 헌혈을 직접 할 수는 없지만 헌혈할 수 있는 18세가 되면 제일 먼저 헌혈을 할 생각입니다. 왜냐하면 아버지가 지금 하시는 헌혈이 피를 필요로 하는 사람들에게 희망이 되고 기쁨이 되는 마음으로 실천하는 이웃 사랑이라는 것을 몸으로 직접 가르쳐 주셨기 때문입니다.

나는 오늘도 적십자의 집에서 헌혈을 하고 돌아온 아버지께 말이 아닌 행동으로 헌혈의 소중함을 가르쳐 주셔서 고맙다는 인사를 꼭 전해 드려야겠습니다.

제6회 전남 청소년 자원봉사대회

(체험 수기부문)

전남청소년자원봉사센터 주최

우수상
2005 3학년 때

내가 실천한 작은 봉사의 보람

저는 전남 목포 북교 초등학교 3학년에 다니는 전대원입니다.

저보다 나이가 많은 형이나 누나들은 자원 봉사 활동을 하고 싶으면 언제든지 할 수 있지만 제가 세상에 태어나 처음으로 자원 봉사라는 것을 하려고 했을 때 무엇을 어떻게 해야 하는지 그 방법을 자세히 알 수가 없어 덕인 중학교에 다니는 사촌 형을 따라 다니며 자원 봉사가 어떤 것인지를 직접 배워야 했습니다.

그래서 맨 처음 시작한 것이 바로 환경 보호 캠페인을 하는 것이었습니다. 환경을 보호하자는 구호가 적힌 피켓과 쓰레기 봉지를 들고 형들을 따라 다니며 길가에 떨어진 휴지나 과자 봉지 그리고 담배꽁초를 줍는 간단한 것이었지만 길 가는 사람들이 나를 쳐다보면 조금은 부끄러웠습니다.

누군가 만약 버리지 않았더라면 우리가 힘들여 줍지 않아도 될 텐데, 자기가 쓰레기를 버리고도 미안한 마음을 잃어버린 사람들을 보면서 바른 습관과 환경을 사랑하는 마음이 얼마나 중요한지 알 것 같았습니다.

그리고 여름방학이 시작되어 목포 공공도서관에서 도서를 정리하는 자원 봉사를 이틀 동안 해 보았는데 저는 도서관에서 봉사 활동을 하면서 많은 것을 배우고 느꼈습니다.

제가 도서관에서 보고 싶은 책을 빌릴 때는 자세히 몰랐는데 교실에 들어서면 앉을 자리가 정해져 있는 우리들처럼 책들도 자기가 꽂혀 있어야 할 자리가 미리 정해져 있다는 것을 알고 책이 있어야 할 자리를 바르게 찾아 주는 일이 얼마나 중요한지를 배울 수 있었습니다.

다행히 사서 선생님께서 모르는 것이 있으면 친절하게 가르쳐 주신 덕분에 큰 어려움은 없었지만 한 번씩 빌려 나간 책들 중에는 페이지가 찢겨져 나간 것도 있었고 책이 아예 반으로 갈라져 버린 것도 섞여 있어 그 책을 다른 사람이 읽을 수 있게 다시 만드는 일은 무척이나 힘들어 보였습니다.

저는 도서관으로 되돌아 온 책을 수레같이 생긴 것에 실어 끌고 다니며 제자리를 찾아 주는 일을 주로 해 보았는데 책을 많이 실으면 움직이기가 힘들었습니다.

그러나 땀을 뻘뻘 흘리며 내가 과자보다 훨씬 좋아하는 책을 제자리에 갖다가 꽂아 줄 때는 책들이 내 마음을 안다면 고마워할 것 같아 힘이 나곤 했습니다.

나는 올해 처음으로 이제 겨우 두 가지의 봉사 활동을 해 보았지만 내년에는 중학교에 다니는 사촌 형처럼 올해보다 더 많은 일을 해

보고 싶습니다.

그중에서도 올해 못한 몸이 불편한 장애인을 돕는 보람 있는 일을 해 보고 싶고 환경 보호 활동에도 많이 참여하여 내 주변 환경을 아끼고 사랑하는 일에 앞장서는 가운데 나 혼자보다는 내 이웃을 생각하는 따스한 마음을 가지고 더 많은 자원 봉사 활동을 해야겠다고 다짐해 보았습니다.

최인호의 『유림』 독후감상문 및 논술 대회
성균관, 열림원 주최

공자상
2005 3학년 때

싸움과 미움이 없는 세상이 되었으면
— 『유림』을 읽고

나는 우리나라 역사를 무척 좋아한다. 그래서 틈틈이 우리나라 역사책을 즐겨 읽고 있는데 오늘은 내가 읽기에 조금은 힘들어 보이는 『유림』이라는 책을 통해 우리나라의 역사 소설도 많이 읽으면 동화책처럼 재미있다는 것을 알 수 있었다.

『유림』이라는 제목을 가진 이 책의 1권에는 제일 먼저 조광조라는 사람의 이야기가 나와 있었다.

나는 오늘처럼 눈이 내리는 날 조광조가 마지막으로 숨을 거둔 자리에 세운 적려 유허비를 찾아 가는 작가의 모습이 마치 새로운 것을 찾아 나서는 탐험가처럼 보였고, 능주로 유배된 지 한 달 만에 중종이 내린 사약을 마시고 죽은 조광조가 어쩐지 불쌍하다는 느낌을 지울 길 없었다.

어쩌면 할일이 많을 것 같은 37세라는 젊은 나이에 새로운 정치 개혁이라는 큰 뜻을 품었지만 그가 생각한 것을 직접 행동에 옮기려다가 반대파의 모함을 받아 죽어 간 것은 걸핏하면 당파 싸움을 일삼

앉던 우리 조상들의 잘못된 모습인 것 같아 부끄러운 생각에 얼굴이 화끈거렸다.

그래서 이렇게 죽어 간 조광조를 어떤 사람들은 꿈을 꾸는 이상주의자라고 말한다지만 유교의 이념을 바탕으로 하여 모두가 잘사는 그런 평화로운 나라를 만들려 했던 마음만큼은 이 세상 그 무엇보다 훌륭해 보였다.

나는 중종 임금이 자신을 죽이려고 사약을 내렸는데도 임금님이 계시는 북쪽을 향해 절을 하고 죽는 순간까지 임금을 믿고 사랑한 조광조를 통해 우리 조상들이 가장 중요하게 여긴 나라에 대한 충성이란 어떤 것인지를 짐작할 수 있었다. 비록 자기에게 목숨을 빼앗는 사약을 내린 임금이었지만 그래도 사약을 내린 것은 임금의 진짜 마음이 아니라 임금 가까운 곳에 자리를 잡고 앉아 온갖 모함을 일삼는 신하들의 잘못으로 인해 죽는 것으로 생각한 조광조가 조금은 순진해 보였고 사약을 마시고도 한 번에 숨이 끊어지지 않아 고통스러워하면서 남은 사약을 먹고 죽어 간 모습을 떠올리니 눈물이 나올 것만 같았다.

내 생각에 만약 중종 임금이 좀 더 생각이 깊은 임금이었더라면 새로운 역사를 창조하려던 조광조를 자기 가까운 곳에 두고 많은 것을 배웠을 텐데, 다른 사람의 모함에 고개를 끄덕이고 만 임금의 마음이 바람이 불면 흔들리는 갈대처럼 약해 보였다.

그런데 만약 그 시대에 남곤처럼 조광조를 미워하는 사람들이 없었더라면 역사는 많이 달라졌을 것 같았다. 어느 날 새벽에 쌍놈 복장을 하고 나타난 남곤이 영의정인 정광필을 만나면서 시작된 기묘사화는 주초위생이라는 모략을 꾸며 중종의 마음을 움직이고 결국 자기편으로 만들어 자기가 미워하는 사람들을 모조리 죽인 불행의 시작이었다.

내가 볼 때 왕의 신임을 얻은 조광조를 어떻게든지 없애려는 모의를 꾸민 훈구파로 인해 시작된 신진 사림파 간의 싸움은 희빈의 아버지인 홍경주와 남곤, 심정이라는 세 사람의 조광조 죽이기 같았다. 나는 이 책을 통해 자기보다 실력이 뛰어난 사람을 공연히 미워하고 자기들과는 생각이 조금 다르다는 이유로 못살게 굴었던 조상들의 모습이 오늘날에도 조금은 남아 있는 것 같아 안타까웠다. 자기와는 사는 곳이 서로 다르고 생각이 서로 다르더라도 그 사람이 갖고 있는 좋은 점을 아낄 줄 아는 너그러운 마음을 갖고 있었더라면 서로를 원수처럼 죽이고 멀리 귀양 보내는 싸움은 더 이상 필요가 없었을 텐데 말이다.

그러나 21세기를 살아가는 우리들은 달라져야 되겠다. 내가 아닌 다른 사람이 나보다 무얼 잘한다는 한 가지 이유만으로 다른 사람을 함부로 미워하고 시기하는 잘못된 마음을 새로운 한 해의 시작과 함께 버리고 다른 사람과 더불어 서로 돕고 살아가는 아름다운 세상을 만들어 나갈 때 우리가 사는 세상은 싸움도 없고 미움도 없는 아름다운 세상이 될 것이라 생각하며 뜻을 못다 이룬 조광조 선생님이 좋은 곳에서 마음속에 품었던 큰 뜻을 마음껏 펼 수 있기를 두 손 모아 빌어주고 싶은 마음이 들었다.

2005년 인권 문예작품 공모
국가인권위원회 주최

자유상(최우수상)
2005 3학년 때

내가 좋아하는 태국 아저씨

얼굴이 말씨가
조금 달라도
김치만 보면 맛있다고
엄지손가락 들어 보여요.

내가 학교 갔다 와서
심심해 할 때면
친구처럼 놀아주는
태국 아저씨.

친구들은 이상하다고
고개 갸웃거려도
나에게 친구 같은 아저씨
검게 탄 얼굴이

어느 날부턴가
구름 낀 하늘처럼
어두워졌어요.

자꾸 묻고 싶어도
말도 못했는데
밀린 월급 주기 싫은
나쁜 아저씨가
월급 대신 불법 체류자라고
신고하려 한대요.

돈 벌어 보겠다고
우리나라 찾아 왔는데
힘든 일 시키고
돈은 왜 안 준 채
겁을 잔뜩 주는지
내가 한국 사람이란 게
그 아저씨 얼굴 보면
부끄러워져요.

제3회 우수 문학도서 독서감상문 대회(어린이부)
한국문화예술위원회 주최
문학나눔사업추진위원회 주관

우수상
2005 3학년 때

앞 못 보는 사람들의 등불이 된 『박두성 이야기』를 읽고

나는 이 책을 읽기 전까지만 해도 앞 못 보는 사람들은 글자를 읽지 못해 살아가는 데 불편할 것이라는 생각을 갖고 있었다.

그런데 오늘 이 책을 읽다 보니 그런 사람들도 읽을 수 있는 글이 바로 점자라는 것을 알고 깜짝 놀라지 않을 수 없었다. 어떻게 종이에 살짝 튀어 나온 점자를 손가락으로 짚어 가며 내가 글자를 읽듯이 책을 읽을 수 있는지 마치 신기한 마술을 보는 것만 같았다.

내 생각에 눈으로 볼 수만 있다면 그런 글자를 일부러 배우지 않아도 될 텐데 눈앞을 제대로 볼 수 없어 일부러 점자를 배워야만 하는 사람들이 불쌍하다는 생각이 사라지지 않았다.

내가 책에서 만난 동균이는 어려서 식구들의 사랑을 독차지했는데 백혈병 치료를 받다가 눈까지 나빠져 그림책을 코앞에 붙여서 보는 시각 장애인이 되고 말았지만 여주에 있는 운암 분교 친구들은 눈이 나쁜 동균이를 서로 도와주려 하는 천사의 마음을 갖고 있어 동균이의 손을 잡고 뛰어 준 누나로 인해 달리기를 처음 해 본 동균이의 행복한 모습이 보기에 좋았다.

나는 동균이가 혜광 학교에서 앞 못 보는 사람들이 배우는 점자를 배울 때 열심히 배웠으면 좋겠다는 생각이 들었다. 아침마다 학교 가는 차 안에서 점자 기호 자음과 모음을 외우는 동균이를 통해 겨우 여섯 개의 점으로 한글은 물론 숫자나 외국어까지 나타낼 수 있다는 사실이 놀랍기만 했고, 한글 점자를 만들어 맹인들에게 성경과 찬송가는 물론 읽을거리를 읽게 해 준 분이 바로 박두성 선생님이란 것을 알 수 있었다.

그런데 박두성 선생님이 교동에 정박한 토마스 선교사로 인해 기독교를 믿게 되고 고향에 돌아와 이동휘 선생님으로부터 송암이라는 호를 받은 다음 조선 총독부 재생원 맹아부에 들어가 앞 못 보는 재생원 아이들을 가르치려고 한 것은 그야말로 대단한 결심 같았다.

그리고 재생원에 부임하던 날 일본인 교사가 보여 준 점자판을 보고 눈먼 아이들에게 점자를 가르치는 것이 필요하다고 깨닫고 학생들의 손을 잡아 세 점의 위치를 하나씩 알려 주는가 하면 송곳 모양의 점필을 누르면 좁쌀 모양의 점이 튀어 나온다는 것을 가르치던 박두성 선생님이 눈이 안 보이는 시각 장애아들을 모으려고 자전거를 기차에 싣고 전국을 돌아다니며 맹인들이 점자를 배우고 일을 배우는 것이 필요하다는 것을 알려 준 것은 맹인에게 있어 가장 기쁜 소식이었을 것 같았다.

일본인 교사의 눈을 피해 한글로 된 점자를 연구하여 훈맹정음이라는 우리 점자를 만든 것은 놀라웠으며, 제판기를 이용해 200여 권의 책을 만들고 일본인 교사들이 조선어 수업을 폐지하자고 말하면 맞서 싸운 선생님이 있었기에 앞 못 보는 사람을 위한 훈맹정음이 오늘날까지 전해질 수 있었다는 생각이 들었다.

힘든 점역 일과 영양실조에 걸려 눈동자의 색깔마저 변해 버리고 아연판에 점자를 찍느라 허리 병을 앓으면서도 우리말로 된 점자책을 만들고 맹인들에게 세상 돌아가는 이야기와 조국 광복의 소식을 알리기 위해 점자로 된 주간지 '촛불'을 만드는 일을 다른 단체의 도움도 없이 혼자의 힘으로 해냈다는 것은 정말 놀라운 일이었다.

나는 이 책에서 아무런 욕심을 부리지 않고 오직 맹인들을 위해 살아 온 박두성 선생님이 어떤 위인보다 훌륭하다는 생각이 들었고 맹인에 대한 아름다운 사랑을 실천한 박두성 선생님을 본받아 나도 앞으로 몸이 불편한 장애인 친구들에게 많은 도움을 줄 수 있는 마음이 따뜻한 어린이가 되고 싶었다.

민방위대 창설 31주년 기념 수필 현상공모
전남도청 주최

최우수상
2006 4학년 때

고마운 민방위대 아저씨들을 생각하며

구름 한 점 없이 파란 하늘에 어디선가 새까만 먹구름이 조금씩 몰려들었다.

그 순간 온 세상이 회색 빛깔의 물감을 풀어 놓은 것처럼 점점 어두워지기 시작했다.

"오메 비 올랑 갑이다. 건조대에 널어 둔 빨래 좀 걷어 줄래."

"알았어요, 엄마."

다른 날 같았으면 우스꽝스러운 내용이 가득 찬 만화책을 낄낄대며 읽으면서도 숙제를 해야 된다는 그럴 듯한 핑계로 꼼짝하지 않았을 텐데, 지금은 도저히 그럴 수가 없었다.

비구름이 새까맣게 몰려오는 걸 유리창 밖으로 내다보는 어머니 얼굴은 걱정으로 가득 차 있어 총정리 문제집을 접어놓고 얼른 마당으로 나갔다.

건조대에 누워 있는 바지와 윗도리가 바람 따라 혼자서 춤을 추고 있었다.

그런데 건조대를 차지한 빨래를 바구니에 모두 담아 돌아서려는 순간 세찬 바람과 함께 굵다란 빗방울이 유리창을 마구 두드리기 시작했다.

"후드득 후드득"

요란한 소리를 내며 나뭇가지를 흔드는 비바람은 마치 심술궂은 꼬마들이 자그마한 돌멩이를 유리창에 던지는 소리와 비슷한 것 같았다.

이따금씩 번쩍 하고 강한 빛을 내는 번개가 잔뜩 겁을 주고 나면 곧이어 기다렸다는 듯이 요란한 천둥소리가 내 귓전을 파고들어 그렇지 않아도 겁쟁이로 소문 난 나를 잔뜩 움츠리게 만들었다.

이렇게 시작된 비바람은 하루가 지나고 이틀이 지나도 멈출 줄 몰랐다.

꼭꼭 잠가 놓은 유리창이 금방이라도 떨어져 나갈 듯이 큰소리로 울어대자 비가 쏟아져 내리는 창밖을 바라보시던 어머니께서는,

"일기 예보에서 남부 지방에 태풍이 온다더니 정말 태풍이 오긴 오는가 보구나."

라고 말씀하시며 걱정스러운 얼굴이셨다.

그렇지만 어머니 마음도 헤아리지 못한 하늘은 자기와는 아무런 상관도 없는 것처럼 빗방울을 계속 뿌리고 있었다.

그런데 태풍이 불어 온 지 사흘째 되던 날, 마당 앞에 서 있던 감나무가 뿌리 채 뽑혀 담벼락을 덮치고 말았다.

요란스런 소리에 깜짝 놀라 유리창을 열었더니 이웃집 지붕에 덮여 있어야 할 슬레이트가 하늘을 나는 양탄자가 되어 하늘을 날아다니고 있었다.

그걸 보니 정말 무서웠다.

그날 비가 그쳐 대문을 열고 밖으로 나가 보았더니 길거리가 온통 엉망이었다.

깨끗하던 길거리에 나뭇잎이 떨어져 달리기를 하는가 하면 가게 앞에 붙은 간판이 금방이라도 떨어질 것 같은 불안한 얼굴로 매달려 있었고 우리 집처럼 한쪽 담장이 와르르 무너져 내린 남수네 집도 보였다. 지금 눈앞에 펼쳐진 이 모든 것이 원수 같은 태풍 때문이라는 사실이 쉽사리 믿어지지 않았다.

잠긴 유리창을 열고 가늘어진 빗방울을 바라보시던 어머니는 뿌리를 드러내며 쓰러진 나무를 치우고 무너진 담장을 다시 쌓아야 할 걱정 때문에 방바닥이 꺼질 것 같은 한숨을 서너 번씩 내쉬는 것이었다.

그런데 하늘이 무너져도 솟아날 구멍이 있다는 속담처럼 어디서 왁자지껄 떠드는 사람들의 목소리가 들려 왔다. 그리고 우리 집의 태풍 피해를 조사하고 난 다음 손에 삽과 빗자루, 기계톱을 든 민방위 아저씨들의 모습이 보였다.

'아니, 저 사람들은 누구일까?'

궁금증에 가득 찬 나는 부리나케 방문을 열고 나가 보았다.

머리에 회색빛 모자를 눌러 쓴 아저씨들이 기다란 옷소매를 팔뚝 위로 걷어 올리고 쓰러진 감나무를 윙윙거리는 기계톱으로 잘라 가고 무너진 담장의 돌을 정부미 자루에 넣으시는 모습이 너무 고마웠다.

"엄마!"

이런 모습을 제일 먼저 발견한 내가 큰소리로 엄마를 찾았다.

"너는 담이 무너졌는데 무슨 좋은 일이 있다고 그리 호들갑이냐?"
하시며 엄마는 버럭 화를 내셨지만 내 이야기를 끝까지 듣고 나서는 깜짝 놀라시는 것이었다.

"아니 이렇게 고마울 수가……."

엄마는 그날 쓰러진 나무를 치우고 무너진 담장을 다시 쌓아 준 민방위 아저씨들이 얼마나 고마우셨는지 마트에서 사온 닭으로 먹음직스런 닭도리탕을 만들어 주셨다.

나는 심술궂은 장마와 태풍이 우리 고장을 휩쓸고 지나가기 전까지만 해도 회색빛 모자를 쓰고 어깨에 노란색 완장을 두른 민방위 아저씨들이 강당에 모여 이야기나 듣고 민방위 훈련이 있는 날이면 안전한 곳으로 대피시키는 일만 하는 것으로 알고 있었다.

그런데 비록 자기 일은 아니었지만 쓰러진 감나무를 치워 주고 무너진 담장을 튼튼하게 쌓아 주시는 믿음직스런 모습을 보면서 민방위 내 아저씨들은 재난이 발생하면 내 고장의 피해 입은 곳을 찾아 도와 주시는 고마운 분이란 걸 알 수 있었다.

이제 또다시 무더운 여름이 다가오면 또다시 심술궂은 태풍이 우리 고장을 찾아올는지 모르지만 자기 일이 아닌데도 한마음 한뜻이 되어 피해를 복구해 주신 민방위 아저씨들 덕분에 간판과 쓰레기가 춤추던 길거리도 담장이 무너진 우리 집도 예전처럼 깨끗하고 살기 좋은 곳이 되었다.

나는 우리 고장을 휩쓸고 지나간 얄미운 태풍을 통해 내 고장을 지키는 민방위 대원 아저씨들이 투철한 사명감으로 굳게 뭉쳐 어떠한 재난도 막아내는 튼튼한 방패가 되어 준다면 우리 앞에 어떤 재해가 다가와 우리를 괴롭히는 심술을 부리더라도 그 어려움을 슬기롭게 딛고 일어설 수 있을 것만 같았다.

제10회 전국 청소년 성 가치관 글짓기 대회
(초등부)
한국청소년순결운동본부 주최

금상
2006 4학년 때

마음을 병들게 하는 음란 정보 추방

인터넷은 한마디로 정보의 바다이다. 시간을 모르고 잠자던 컴퓨터 전원을 누르고 인터넷을 클릭하면 그 속에는 수많은 정보들이 오늘도 내 손길이 다가오기를 기다리고 있다.

하지만 그런 여러 가지 정보 중에는 우리에게 필요하지 않은 정보도 같이 들어 있다. 그래서 어른들은 우리들이 혹시라도 그런 곳에 들어가 귀중한 시간을 빼앗기고 좋지 않은 길로 걸어가게 될까 봐 무슨 사이트를 들어갔다 왔는지 일부러 검사를 하기도 하신다.

그러나 인터넷을 떠도는 여러 가지 정보 중에는 내가 원하지 않아도 누군가가 먼저 전해 주는 나쁜 정보들도 뒤섞여 있다. 그런 나쁜 정보들은 주로 이메일을 통해서 전해지는 경우가 많은데 우리들이 공부하는 데 필요하지도 않은 상품 광고와 심한 경우에는 성인물을 보라는 광고도 이메일을 통해 전해질 때가 있다.

나는 어려서부터 글짓기 하는 것을 좋아해 누구든지 글을 올릴 수 있는 글짓기 사이트 게시판에 들어갈 때가 많은데 그곳에서도 어른들이나 볼 수 있는 성인 사이트를 들어오라고 광고해 놓은 것을 보면 한숨이 절로 나온다. 이런 것들은 한마디로 정보의 바다인 인터넷을 잘못 이용하는 사람들이 있기 때문에 생기는 어처구니없는 일이다.

그리고 그런 달콤한 유혹에 속아 넘어가 다른 사람의 주민등록번호를 이용해 몰래 들어가기보다는 이런 유혹에서 빨리 벗어나기 위해 노력해야 한다. 우선 잘못된 정보나 이상한 문구가 적힌 이메일이 들어오면 호기심에 가득 차 열기 전에 삭제를 하고 그래도 그런 정보가 계속 들어오면 부모님이나 선생님께 말씀 드려 그 사람이 다시는 그런 정보를 보내지 않도록 해야만 한다. 하지만 나보다 나이 많은 6학년 형들은 오히려 그런 정보를 무슨 대단한 사람들이 보는 것으로 알고 친구들의 호기심을 부추기기도 한다. 어디에 들어가면 멋있는 그림을 볼 수 있다고 해서 친구들을 피시방으로 데려 가기도 하고 마사지 업소를 소개한 카드처럼 생긴 그림을 모으기도 한다.

그런 친구는 그런 음란물이 우리들이 공부하는 데 전혀 도움이 되지 않으리라는 것을 뻔히 알면서도 우리들을 나쁜 길로 끌어당기는 독버섯과 같다고 생각한다.

지금도 어디선가 우리를 유혹하는 음란 정보에 더 이상 호기심을 갖지 말아야겠다. 그리고 우리 마음속에 그려온 꿈을 향해 좋은 책을 많이 읽고 좋은 학습 정보와 단짝 친구가 될 때 우리의 성적도 쑥쑥 올라가고 우리의 꿈도 커 갈 수 있다는 것을 알고 한 번 보면 자꾸만 몰래 보고 싶어지는 음란물의 유혹에 빠진 친구들이 어서 빨리 그곳

에서 벗어나 내일의 푸른 꿈을 향해 한걸음 앞으로 나아 갈 때 희망에 가득 찬 밝은 내일이 우리가 다가오기를 기다리고 있을 것 같다.

이제 우리 주위에서 우리의 마음과 정신을 흐리게 만드는 잘못된 정보는 모두 사라졌으면 좋겠다. 그래도 지금은 음란 정보를 메일로 보내는 사람들이 많이 줄어든 것 같아 다행스런 생각이 든다. 건강한 몸속에 건전한 정신이 깃드는 것처럼 우리 모두 우리의 마음과 정신을 병들게 만드는 음란 정보를 멀리 하는 지혜로운 사람이 되어 필요한 정보를 빠르고 정확하게 알려 주는 인터넷을 바르게 사용하는 습관을 우리 생활 속에 뿌리내려야겠다.

그래서 많이 보내도 읽어 볼 필요조차 없어 지우는 데 시간을 낭비하는 스팸 메일의 숫자가 줄어들고 잘못된 음란 정보가 인터넷에서 깨끗이 사라지는 그날, 인터넷 강국으로 알려진 우리나라가 자랑스런 정보 선진국으로 다시 한 번 태어나기를 바라는 마음으로 손을 모은다.

논술, 어렵지 않아요

점에서 언어와 그림의 같은 점은 첫째, 자기의 생각을 표현하는 것이 같다고 생각한다. 둘째, 언어와 그림은 쓰인 시
할 수 있게 해준다. 그리고 셋째, 언어와 그림은 생각을 제대로 표현하지 못하면 다른 사람에게 뜻이 제대로 전달되지 못
와 그림의 가장 큰 차이점은 자기의 마음을 손쉽게 나타낼 수 있는 간단한 언어보다 그림은 물감이나 먹처럼 많은 도
해야 한다. 둘째, 한번 듣고 나면 금방 잊혀지는 언어에 비해 그림은 눈에 보이는 모습을 통해 보다 많은 것을 자세히

어린이동아 동아논술아카데미

이 달의 최우수작
2005 3학년 때

미인 대회를 계속하는 것에 대해서

해마다 전국 여기저기에서 열리는 미인대회는 누가 더 예쁜가를 여러 사람과 겨루는 행사입니다. 그런데 미스코리아를 비롯하여 슈퍼모델 등 미인대회가 너무나 많습니다.

마치 옷가게에서 마네킹에게 새로 만든 옷을 입혀 상품을 파는 것처럼 사람에게 수영복을 입히고 평상복을 갈아입혀 그 중에서 누가 더 예쁜지 선택하여 점수를 주는 것은 사람을 상품으로 만드는 나쁜 일입니다. 더구나 이런 미인대회로 인해 많은 사람들이 여자는 얼굴만 예쁘면 무엇이든 할 수 있다는 잘못된 생각을 갖게 됩니다. 그래서 백설공주에 나오는 왕비가 거울에세서 들었던 것처럼 쌍꺼풀 수술이나 코를 높이는 수술을 받아 억지로라도 이 세상에서 자신이 제일 예쁘다는 칭찬을 듣고 싶어 합니다. 그리고 미인의 기준을 서양 사람과 비슷하게 맞추다 보니 날씬한 사람을 꿈꾸며 지나친 다이어트를 하다가 목숨을 잃는 사람마저 나오고 있습니다. 이 모두가 미인대회로 인해 생겨난 문제입니다.

그러므로 겉모양만으로 사람을 판단하고 점수를 주는 미인대회는 없어져야 합니다.

다양한 논거를 배열하는 능력이 뛰어나 최우수작으로 선정하였습니다. 성의 상품화가 무엇인지 예를 들어 설명한 것도 좋았지만 부작용이 점점 커져 죽음에 이르기까지의 과정을 설득력 있게 제시하였습니다.

채재일 동아논술아카데미 대표

2005 3학년 때

인간 복제에 대해서

나는 이 세상에 하나뿐이기 때문에 그 무엇과도 바꿀 수 없이 소중합니다. 그런데 나와 똑같은 얼굴을 가진 사람을 공장에서 빵 구워 내듯이 만들어 낸다면 걱정이 아닐 수 없습니다.

물론 처음에야 질병 치료가 필요한 사람에게만 인간 복제를 허락한다고 말하지만 범죄를 다스려도 범죄가 계속 일어나는 것처럼 인간 복제 기술을 배운 사람들이 점점 늘어 가면 개인적인 생활은 제대로 보장 받을 수 없게 됩니다.

은행에서 내가 맡긴 돈을 나와 똑같은 얼굴을 한 누군가가 찾아가 버리고 학교에서 시험을 치를 때는 자기와 얼굴이 똑같은 사람이 대리 시험을 볼 수도 있고 범죄를 저지른 사람들의 얼굴이 텔레비전이나 신문에 나오면 똑같은 얼굴을 가진 사람들은 어쩔 수 없이 다른 사람들의 손가락질을 받을 수밖에 없습니다. 그런 점에서 저는 인간 복제를 반대합니다,

처음에는 필요한 사람들에게 큰 도움이 되겠지만 그것이 다른 목적

에 이용되지 않는다는 것은 누구도 장담할 수 없습니다. 그러므로 인간 복제는 인간의 존엄성을 해치는 범죄와도 같기 때문에 해서도 안 되고 하도록 내버려 두어서는 더욱 더 안 될 것입니다.

이 세상에서 나의 목숨이 하나이기에 소중하듯이 서로 다른 얼굴로 살아가는 인간은 어딘가 조금씩 모습이 다르기 때문에 색깔과 모양이 서로 다른 꽃들처럼 소중한 것이라 생각합니다.

어린이동아 동아논술아카데미

이 달의 우수작
2005 3학년 때

언어와 그림의 차이점과 공통점에 대해서

우리가 흔히 사용하는 말이나 글은 여러 가지 생각을 다른 사람에게 전해 주기 때문에 사람이 살아가는 데 없어서는 안 되는 귀중한 것이다. 그리고 그림은 우리의 생각이나 마음을 종이 위에 담아내는 또 하나의 세상과 같다.

그런 점에서 언어와 그림의 같은 점은 첫째, 자기의 생각을 표현하는 것이 같다고 생각한다. 둘째, 언어와 그림은 쓰인 시기를 짐작할 수 있게 해 준다. 그리고 셋째, 언어와 그림은 생각을 제대로 표현하지 못하면 다른 사람에게 뜻이 제대로 전달되지 못한다.

언어와 그림의 가장 큰 차이점은, 사기의 마음을 손쉽게 나타낼 수 있는 간단한 언어보다 그림은 물감이나 먹처럼 많은 도구를 사용해야 한다. 둘째, 한번 듣고 나면 금방 잊혀지는 언어에 비해 그림은 눈에 보이는 모습을 통해 보다 많은 것을 자세히 전해 준다.

그러므로 언어와 그림은 아주 오랜 옛날부터 다정한 친구처럼 우리 조상과 함께 있어 왔고 지금 우리가 살아가는 모습을 가장 정직하게 담아내는 기록사진과 같다.

적절한 비유를 사용하여 자기 생각을 쉽게 전달하는 능력이 뛰어납니다. 3학년 어린이가 이 정도의 글을 쓰기란 쉽지 않습니다. 그런데 아직은 논술에 대한 이해가 부족한 듯하여 우수작으로 선정하였습니다.

채재일 동아논술아카데미 대표

2005 3학년 때

우리의 놀이 문화, 어떻게 이루어지면 좋을까?

요즈음은 학교에 갔다 오면 같이 놀 수 있는 친구들이 많지가 않다. 그래서 학교에 갔다 오자마자 제일 가까이 있는 컴퓨터를 켜고 게임을 하는 친구들이 많다.

옛날에는 집에서 놀기보다는 골목이나 친구들이 모여 있을 만한 곳을 일부러 찾아다니며 짝을 지어 놀았다는데 요즈음에는 친구들이 학교나 학원을 갔다 온 다음 집밖으로 나와 놀이를 통해 몸을 움직이며 놀기보다는 외톨이처럼 혼자 있기를 즐긴다.

그로 인해 내 나이 또래 친구들은 같이 노는 친구도 없을 뿐 아니라 같이 하는 놀이도 별로 없다. 만나면 얼굴을 마주보며 서로 같이 웃고 떠들며 놀 수 있어야 재미있는 놀이도 할 수 있는데 그렇게 되지 않으니까 친구들은 누가 먼저랄 것도 없이 컴퓨터 앞에만 매달리게 되고 곧바로 컴퓨터 중독에 빠져 들게 된다.

물론 컴퓨터 게임을 하면서 많은 친구들을 만날 수도 있다. 하지만 서로 얼굴도 모르고, 이름도 자기 이름 대신에 이상한 별명을 지어 게임을 하는 바람에 누가 누군지 어디에 살고 있는지 제대로 알 수가 없다. 그저 인터넷을 통해 게임을 같이 한다는 한 가지 사실만으로 서로 만족하면서 점수를 많이 받아 새로운 무기나 아이템을 사서 친구들에게 자랑하기나 한다.

이렇게 보면 나는 우리 부모님이 살았던 옛날이 부럽기도 하다. 같은 곳에 사는 동네 친구들과 어울려 술래잡기도 하고 팽이치기도 하고 눈싸움도 했다던 그 옛날에는 컴퓨터나 오락기 같은 혼자서 할 수 있는 놀이가 없었기 때문에 친구들이 모이면 보름달 뜬 밤에도 집에 가지 않고 밖에서 재미있게 놀았는가 보다.

컴퓨터 게임으로 인해 요즘 아이들은 허약해지고 말았다. 키와 같이 겉모양은 옛날 어린이들보다 훨씬 커 보이는데 운동이 부족해 길을 가다 넘어지거나 미끄럼틀에서 뛰어내리다 팔목을 삐기도 하고 독감 예방 주사를 맞아도 몸이 약해져 겨울 내내 감기를 코에 달고 다니는 친구들이 한두 명이 아니다.

하지만 이제는 달라져야 하겠다. 손가락과 머리로만 움직이는 컴퓨터 게임은 그만하고 컴퓨터를 오락기가 아닌 공부하는 데 이용하고 가까운 놀이터를 찾아가 얼굴 모르는 친구들과 한마음이 되어 술래잡기도 하고 딱지치기도 하고 공놀이도 하면서 맑은 공기를 마음껏 들이마시고 땀나게 뛰어 놀면 우리들의 몸과 마음이 그만큼 튼튼해질 것 같다.

2005 3학년 때

더러운 똥이 농사짓는 사람에게는 어떤 도움이 될까?

똥 하면 가장 먼저 떠오르는 것이 더럽다는 것이다. 하지만 똥은 아주 오랜 옛날부터 우리에게 많은 도움을 주며 우리와 함께 살아 온 우리의 친구이다.

지금처럼 땅속에 숨어사는 지렁이를 비롯한 여러 가지 미생물을 죽이고 땅을 산성으로 만들어 버리는 화학 비료가 나오기 훨씬 이전부터 우리 땅을 기름지게 만드는 거름이 되어 온 똥은 힘들게 논과 밭을 일구고 씨앗을 뿌려 풍년을 꿈꾸는 농사짓는 사람들에게는 더없이 훌륭하고 필요한 무공해 비료였을 것이 틀림없다.

그로 인해 옛날에는 남의 집 변소에 있는 똥을 퍼다가 돈을 받고 농사짓는 사람들에게 파는 사람들도 있었고 똥을 거름으로 하여 농사를 지으면 농작물이 잘 자란 덕분에 집집마다 똥을 모아 싱싱한 채소를 재배하는 사람들도 많았을 것 같다.

그러나 지금은 냄새도 안 나고 간편한 화학 비료를 사용해 농사를 짓는 사람들이 늘어나 똥이 농사를 짓는 데 꼭 필요한 것이 아니라 옛날과는 반대로 필요 없는 똥을 버리기 위해 돈을 줘 가면서 정화조 청소를 해야만 한다.

그러나 사람이나 동물이 음식을 먹고 나면 나오는 똥 중에서도 닭똥은 비료처럼 지금도 농사짓는 데 있어서 훌륭한 거름으로 쓰이고 있다고 한다.

그러므로 조금 냄새가 심하고 눈으로 보기에 불결해 보인다고 해도 무공해 비료라고 자신 있게 말할 수 있는 똥을 한곳에 모아 비료처럼 만드는 공장을 만들어 농사짓는 데 제대로 사용해 나간다면, 민들레를 꽃피운 강아지 똥처럼 친환경 농업을 해야 살아남을 수 있는 우리 농촌을 살려 나가는 데 똥은 햇빛이나 공기처럼 꼭 필요한 친구임에 틀림이 없다.

2005 3학년 때

연예인의 행동을 무조건 따라하지는 말자

요즈음에는 아무런 생각도 없이 인기가 높은 연예인들의 행동을 따라하는 친구들을 우리 주변에서 쉽게 만날 수 있다. 나는 개인적으로 연예인 따라하기가 좋지 않다고 생각한다. 쉬는 시간이나 학교 공부가 끝나고 집에 갈 때 친구들이 연예인 흉내를 내면 나도 몰래 웃음이 나온다.

사람이 다른 동물보다 우수한 것은 자기 스스로 생각하고 행동한다는 점이라고 배웠다. 그런데 세상을 살아가면서 자기의 생각은 어디론지 사라지고 무조건 남의 흉내만 내려 한다면 그것은 자신을 속이는 일이며 흉내쟁이밖에 되지 못한다. 그러므로 나는 조금 부족한 점이 있더라도 자기의 노력으로 자기만의 개성을 살려 나가는 것이 좋다고 생각한다.

요즈음 유행에 따라서 젤리 신발이 유행하더니 길거리를 쓸고 다니는 바지를 입거나 머리카락을 노랗고 빨갛게 물들이고 다니는 친구들을 보면 불쌍한 생각이 들게 된다. 그리고 내 나이 또래 친구들이 동요가 아닌 트로트를 잘 부른다고 텔레비전에 나와 몸이 드러나는 옷을 입고 진한 화장을 하고 나와 춤추는 것을 보면 저러면 안 된다는 생각이 든다.

연예인은 모범적인 사람이 아니라 한 가지 재주가 뛰어난 사람이다. 그러므로 연예인을 신처럼 우러러 보고 무조건 따라 할 것이 아니라 좋은 점은 본받으면서 좋지 않은 점은 따라하지 않는 지혜가 필요하다. 어떤 것이 정말 옳은 일인지를 알고 행동해 나가는 것 자체의 필요성이야말로 연예인의 행동을 무조건 따라하면 안 되는 가장 큰 이유라고 말하고 싶다.

단재 신채호 선생 탄신 126주년 기념

제2회 전국 초·중·고 학생 사이버논술 및 문예창작 대회 (논술부문)

충청교육신문사 외 주최

동상
2006 4학년 때

자기희생이 항상 옳은 것은 아니다

한 자루 촛불처럼 자기를 희생해 어둠을 밝히는 자기희생은 손쉬운 일이 아니다. 왜냐하면 누군가를 위해 자신이 얻을 수 있는 이익을 깨끗하게 포기함으로 인해 다른 사람은 무언가를 얻게 되지만 결국 자기는 아무것도 가질 수 없는 일이 뒤따르기 때문이다.

『좁은 문』에 나오는 제롬과 외사촌 누이 알리사는 점점 자라면서 두 사람의 마음이 이성 간의 사랑으로 자연스럽게 발전해 나간다. 이 때 알리사의 여동생 줄리에트는 두 사람 사이에서 사랑을 전해 주는 심부름꾼이 된다. 그러나 어느 사이엔가 줄리에트가 제롬을 자기처럼 좋아하고 있나는 것을 알게 된 알리사는 언니로서 동생인 줄리에트의 행복을 위해 제롬을 깨끗이 포기하여 자신을 희생하려고 결심한다. 이것은 정말 눈물겨운 일이었다. 아무리 같은 피를 나눈 형제라지만 자신의 행복보다 동생의 행복을 먼저 생각하는 아름다운 마음과 행동은 보통 사람으로서는 쉽사리 행동으로 옮길 수 없는 어려운 일이다.

하지만 자기가 희생하면 제롬과 결혼할 줄 알았던 동생 줄리에트가 나이 많은 포도농장 주인과 결혼해 이제는 더 이상 미안한 마음을 갖지 않고 자기가 사랑한 제롬과 결혼할 수 있는 기회를 얻게 된 알리사는 웬일인지 제롬과의 약혼을 거절한다. 제롬의 사랑을 거절하고 요양원에 들어가 성스러운 신과의 사랑을 이루려고 하는 것은 자기의 그런 행동이 다른 사람에게 커다란 아픔을 준다는 것을 모르는 잘못된 행동 같았다. 눈에 보이지도 않는 신보다 훨씬 가까운 것은 곁에 있을 수 있는 사람인데도 어렸을 때는 제롬을 위해 꽃처럼 아름다워지려고 노력하다가 결국 세상에서의 사랑을 거부한 채 고난의 좁은 길로 걸어 들어가려고 결심한 것은 제롬은 물론 포도농장 주인과 결혼한 줄리에트에게도 아픔을 주는 일 같았다.

만약 알리사가 처음부터 제롬과 결혼할 생각이 없었더라면 제롬을 자기처럼 좋아하는 줄리에트가 농장 주인과 결혼하는 것을 어떻게든 말려 제롬과 결혼해서 행복한 가정을 꾸밀 수 있도록 도와주었어야 옳았을 것이다. 그럼에도 제롬과 결혼할 생각은 하지 않으면서 마치 자기가 무슨 큰 죄를 지은 사람처럼 일방적으로 신과의 사랑을 위해 자기를 희생하려 한 것은 바보스러운 행동이 아닐 수 없다.

그러므로 내 생각에 일방적인 자기희생은 뜻이 아무리 좋더라도 올바르지 않을 수 있다. 행복이란 이름은 아주 멀리 있지 않고 가까이에 있다는 것을 깡그리 무시하고 눈에 보이지도 않는 신과의 사랑을 완성하기 위해 좁은 문으로 걸어 들어가 자신을 희생한 것은 자기만을 생각하는 고집에서 비롯된 옳지 못한 행동이라 말하고 싶다.

친구들의 따돌림에 대하여

아무리 잘난 사람도 혼자서는 세상을 살아갈 수 없다. 그러므로 사람은 사람과 서로 어울리며 살아야 한다. 그런데 자신의 실력이 부족하거나 자기의 얼굴이 조금 못생겼다고 해서 다른 사람과 가까이 하지 않은 채 자기 혼자서 세상을 살아가려 한다면 그 사람은 조그만 손바닥을 가지고 넓은 하늘을 가리는 것처럼 어리석을 뿐 아니라 눈에 보이지 않는 자기만의 울타리 속에 갇혀 사는 동물원의 원숭이와 다를 바 없다.

그런 점에서 다른 사람과 어울리지 못한 채 컴퓨터 게임에 빠지거나 우울증에 걸려 친구도 없는 외톨이가 된다는 것은 자기 자신은 물론 다른 사람이 볼 때 절대 좋은 일은 아니다. 사람에게 있어 힘든 일이 있으면 그 어려움을 같이 나누며 살아가는 것이 그 무엇보다 필요하기 때문이다.

하지만 우리 반에서 왕따를 당하는 친구를 보면 왜 외톨이가 되어 가는지 조금은 알 수 있을 것 같다. 손버릇이 나빠 친구들이 학용품을 잃어버리면 친구들의 눈동자는 미리 약속이나 한듯 그 친구에게 쏠린다. 어쩌면 그 친구가 안 했을 수도 있는데 왕따를 일삼는 친구들은 다른 친구들에게 귓속말을 하면서 수군거리는 바람에 그 친구와 짝 되는 것조차 모두 싫어한다.

그러나 친구를 왕따 시켜 외톨이로 만드는 것이 좋은 일은 아니다. 마치 자기들이 무슨 위대한 사람이라고 생각을 하는지 함부로 자기보다 나은 친구들을 헐뜯는 모습을 보면 가슴이 아플 때가 많다. 따돌림을 받는 친구도 같이 어울리고 싶어 할 테지만 그 친구가 다가설 수 있는 자리를 마련해 주지 않아 그런 나쁜 행동을 저질러 우리들의 관심을 끌려고 하는지도 모른다.

그러므로 지금부터라도 손을 내밀어야겠다. 그래서 자기들끼리 무리를 지어 다니며 마치 자기들이 세상에서 제일 잘난 것처럼 으스대거나 다른 친구들을 함부로 깔보면서 보기 싫은 벌레처럼 대한다면 학교에 가는 것조차 힘들어져 점점 외톨이가 될 수밖에 없을 것이다.

그러므로 서로 입장을 바꿔서 생각할 줄 아는 사람이 되어야겠다. 세상에서 오직 나밖에 모르는 나쁜 마음을 버리고 함께 살아가는 세상은 얼어붙은 마음을 녹여 따스한 사랑이 넘치는 아름다운 세상이 될 것이다.